本书系广东省哲学社会科学"十三五"规划2020年度学科共建项目"基于协同理论的乡村学校改进实证研究"（批准号：GD20XJY21）研究成果

乡村学校改进何以可能

——基于协同理论的实证研究

刘建强 ◎ 著

吉林大学出版社

·长春·

图书在版编目（CIP）数据

乡村学校改进何以可能：基于协同理论的实证研究 / 刘建强著. -- 长春：吉林大学出版社，2024.8.
ISBN 978-7-5768-3515-1

Ⅰ．G725

中国国家版本馆 CIP 数据核字第 2024VS6312 号

书　　名：	乡村学校改进何以可能——基于协同理论的实证研究
	XIANGCUN XUEXIAO GAIJIN HEYI KENENG——JIYU XIETONG LILUN DE SHIZHENG YANJIU
作　　者：	刘建强
策划编辑：	卢　婵
责任编辑：	卢　婵
责任校对：	张采逸
装帧设计：	文　兮
出版发行：	吉林大学出版社
社　　址：	长春市人民大街 4059 号
邮政编码：	130021
发行电话：	0431-89580036/58
网　　址：	http://www.jlup.com.cn
电子邮箱：	jldxcbs@sina.com
印　　刷：	武汉鑫佳捷印务有限公司
开　　本：	787mm×1092mm　1/16
印　　张：	14
字　　数：	200 千字
版　　次：	2024 年 8 月　第 1 版
印　　次：	2024 年 8 月　第 1 次
书　　号：	ISBN 978-7-5768-3515-1
定　　价：	82.00 元

版权所有　翻印必究

前　言

在当前的教育改革浪潮中，乡村学校的改进和高质量发展已成为广东乃至全国范围内的重要议题。随着社会的进步和教育理念的更新，如何有效提升乡村学校的办学水平、改进教育品质，并激发学生的全面成长，已然成为教育工作者共同探索的目标。

2021年6月，广东第二师范学院与揭阳市榕城区人民政府签署了第三次合作协议，旨在共同打造高品质学校，标志着向这一目标迈出了实质性的步伐。揭阳市榕城区教育局精心挑选了五所具有代表性的乡村学校作为试点学校，分布于该区的东、南、西、北及中心区，其中包括位于城中村的揭阳师范附属小学。此举旨在构建一个集"大学—政府—中小学教育名家—乡村学校"（University – Government – Education Experts from Primary and Secondary Schools – Rural Schools，简称"U-G-EEPS-RS"）于一体参与的协同改进机制，以期推动乡村学校的整体进步。

本研究的核心在于探索和实证"U-G-EEPS-RS"协同改进学校的有效机制。首先，通过文献分析法，厘清协同学理论与乡村学校改进之间的内在联系和可行性路径；其次，运用行动研究法实施学校改进，行动过程分问题诊断、过程督导、结果评估三个阶段；最后，运用案例研究法分析学校改进成效，充分验证协同机制与实施路径的可行性。在学校改进过程中，分内外两条线同时进行。内部管理层面，协同小组汲取了中国古代哲学中的"道法术器势"思想精髓，为教育管理者与校长们提供了一个系统的乡村学校改进框架；外部支持方面，协同小组为乡村学校教师队伍提供了系统且全面的高端培训，以及个性化的专业指导，指导内容涵盖办学理念更新、课程建设、教学管理优化、课堂改进、校本教研深化、教育评价体系完善以及校园环境优化等多个维度。

在各方共同努力下，协同小组成功构建了"一机制、两条线、三阶段"的乡村学校改进模式。这一模式以"U-G-EEPS-RS"协同改进机制为核心，结合学校内部力量的激发、外部资源的整合与效用，通过问题诊断、过程督导和结果评估三个关键阶段，推动试点学校取得了显著的进步。如今，这些学校的个性和特色日益凸显，其在区域内的知名度和美誉度也随之大幅提升。

本书编撰的初衷，在于全面记录这一实证研究的过程与成果，以期为未来乡村学校的改进和发展提供可借鉴的宝贵经验与策略。通过深入的剖析与反思，协同小组期望能够为广东乃至全国乡村教育的振兴与可持续发展贡献自己的绵薄之力。

刘建强

2024年8月20日

目 录

第一章 理论阐释 ··· 1

 第一节 协同理论及其应用综述 ··· 1

  一、协同理论的基本概念 ·· 1

  二、协同理论在社会科学的应用领域概述 ································ 8

  三、协同理论在教育教学与乡村治理领域的研究概述 ··············· 11

  四、协同理论与协同创新理论、协同治理 ······························ 12

  五、协同理论在社会科学领域的应用模式及可创新之处 ············ 15

 第二节 乡村学校改进实证研究综述 ··· 16

  一、基本概念 ··· 16

  二、政策背景 ··· 19

  三、现实困境 ··· 20

  四、研究综述 ··· 26

  五、研究存在的问题及可创新之处 ······································· 36

 第三节 协同理论应用于乡村学校改进研究的可能性 ···················· 37

  一、协同理论应用于乡村学校改进研究的可行性 ····················· 37

二、协同理论应用于乡村学校改进研究的必要性 …………… 39

　第四节　研究的价值、问题、目标 ……………………………… 53

　　一、学术价值 …………………………………………………… 53

　　二、实践价值 …………………………………………………… 53

　　三、研究问题 …………………………………………………… 54

　　四、预期目标 …………………………………………………… 54

第二章　方法探析 …………………………………………………… 55

　第一节　研究方法 ………………………………………………… 55

　　一、文献分析法 ………………………………………………… 55

　　二、行动研究法 ………………………………………………… 56

　　三、案例研究法 ………………………………………………… 61

　第二节　研究思路 ………………………………………………… 64

　　一、主题阐述 …………………………………………………… 64

　　二、文献回顾 …………………………………………………… 65

　　三、研究假设 …………………………………………………… 65

　　四、数据收集与整理 …………………………………………… 65

　　五、回归分析 …………………………………………………… 66

　　六、验证假设 …………………………………………………… 66

　　七、结论 ………………………………………………………… 66

　　八、跟踪研究 …………………………………………………… 67

第三章　实践探索 …………………………………………………… 68

　第一节　团队协同 ………………………………………………… 68

　　一、理念协同 …………………………………………………… 68

　　二、目标协同 …………………………………………………… 71

三、制度协同 ································· 71
　　四、行动协同 ································· 72

第二节　走进现场 ································· 73
　　一、基本情况 ································· 73
　　二、入校诊断 ································· 74

第三节　学校改进 ································· 108
　　一、方案设计 ································· 109
　　二、改进计划 ································· 109

第四节　过程督导 ································· 118
　　一、专项指导 ································· 118
　　二、学科视导 ································· 120

第五节　专项研训 ································· 122
　　一、理论研习 ································· 123
　　二、技能学习 ································· 125
　　三、经验分享 ································· 126
　　四、名校伴随 ································· 127
　　五、名校考察 ································· 129
　　六、总结反思 ································· 130

第四章　措施优化 ································· 132

第一节　提升品位 ································· 132
　　一、学校特色文化培育 ························· 133
　　二、乡村特色课程建设 ························· 151
　　三、乡村教育情怀培养 ························· 154
　　四、乡村校园环境优化 ························· 155

第二节 提高质量 ································· 157
- 一、确保课堂教学有效 ···························· 157
- 二、充分利用数字资源 ···························· 159
- 三、加强校家社协同 ······························ 160
- 四、关注特殊学生群体 ···························· 162

第三节 以评促改 ································· 164
- 一、构建合适的乡村学校综合评价机制 ·············· 164
- 二、发挥乡村学校自身优势，推进教育创新 ·········· 165
- 三、实施地域乡土教育，展现学校个性 ·············· 167
- 四、彰显乡村教育价值，赋能乡村振兴 ·············· 168
- 五、建设标准化乡村学校，促进教育公平 ············ 169
- 六、建立有效衔接机制，巩固拓展教育脱贫攻坚成果 ·· 170
- 七、尊重规律规范办学，扎实推进精细管理 ·········· 171
- 八、释放学校办学活力，激发教育创新动力 ·········· 173

第五章 协同结果反馈 ······························ 178

第一节 协同结果评估 ······························ 178
- 一、基础条件得到改善 ···························· 178
- 二、实施细节不断完善 ···························· 178
- 三、改进效果影响深远 ···························· 179

第二节 试点学校阶段性结果 ························ 179
- 一、各试点学校的结果 ···························· 179
- 二、校长的关键性作用 ···························· 188

第六章 结论、建议与讨论 ·························· 190

第一节 研究结论 ·································· 190

一、协同理论在乡村学校改进中的科学性与适用性 ………… 190
　二、乡村学校改进的现实需求与紧迫性 ………………… 190
　三、实证研究方法在乡村学校改进中的有效性 …………… 191
　四、多学科研究的整合优势在乡村学校改进中的体现 ……… 191
　五、"U-G-EEPS-RS"协同机制对乡村学校改进
　　　成效显著 ……………………………………………… 191
　六、乡村学校改进过程中的条件和关键要素 …………… 192

第二节　改进建议 …………………………………………… 192
　一、对五所试点学校的改进建议 ………………………… 192
　二、对试点学校校长的建议 ……………………………… 198

第三节　讨论 ………………………………………………… 199
　一、研究创新 ……………………………………………… 199
　二、研究不足 ……………………………………………… 200
　三、研究展望 ……………………………………………… 202

参考文献 ……………………………………………………… 203

后　记 ………………………………………………………… 212

第一章 理论阐释

第一节 协同理论及其应用综述

一、协同理论的基本概念

协同理论起源于协同学。协同学（synergetics），又称"协同论"或"协和学"，是探究共同协作或合作原理的科学，亦可视为协同工作之学。它在多学科交融的基础上逐渐发展成熟，成为一门新兴学科。该学科由德国斯图加特大学理论物理学教授赫尔曼·哈肯（Hermann Haken）所创立。[①]

协同学隶属于复杂性科学研究中的系统科学分支。复杂性科学研究是21世纪兴起的学科探索领域，而系统科学则专注于剖析复杂系统的类别、性质及其演化机制，旨在揭示各类复杂系统在演变过程中所遵循的共通规律，是当代的前沿科学。它为人们提供了崭新的思考框架和解决问题的途径。[②]

协同学研究的对象是完全不同性质的大量子系统（诸如电子、原子、

[①] 付燕荣，邓念，彭其渊，等.协同学理论与应用研究综述[J].天津职业技术师范大学学报，2015，3（25）：44-47.

[②] 郑广祥.协同学理论与和谐社会的构建[J].通化师范学院学报，2007，11（28）：21-23.

细胞、神经元、力学元、光子、器官、动物乃至人类）所构成的各种系统，协同学所研究的是这些子系统是通过怎样的合作才在宏观尺度上产生空间、时间或功能结构的[①]，研究系统各要素之间、要素与系统之间、系统与环境之间协调、同步、合作、互补的关系，研究新的有序结构的形成，揭示系统进化的动力。[②]

（一）核心概念

1. 自组织

自组织是一个含有大量分子或其他结构单元的系统，在其内在作用力的驱动下，通过与外界交换能量、物质与信息，按一定的规律运动使这些结构单元重新排列组合，并自发聚集形成有规则结构的现象。[③]

"自组织"是协同思想的核心。"协同"思想阐明了客观实践从无序到有序的自身规律，而自组织理论专注于研究如何通过自组织过程实现复杂系统的协同效应。系统自组织的形成依赖于四个基本条件：首先，系统必须是开放的，能够与外界环境进行物质、能量和信息的交换；其次，系统受到的外部作用（或称为外界控制参量）必须能通过其内部机制产生效果；再次，系统内部元素之间的非线性相互作用构成了系统自组织产生的必要条件；最后，系统内的涨落促进了有序结构（或耗散结构）的形成和发展，这种有序是通过系统内在动力学过程自然形成的。在这里，"涨落"是指远离热力学平衡之下，系统的熵在某一定时间中增加或减少的相

[①] 吴彤. 论协同学理论方法——自组织动力学方法及其应用[J]. 内蒙古社会科学（汉文版），2000，11（124）：19-26.

[②] 姚凯. 怎样把协同学理论应用于生物教学[J]. 铜仁师范高等专科学校学报，2006，9（8）：71-73.

[③] 夏晓婷. 协同学理论视阈下的大型活动组织研究——以上海市大型活动组织为案例的研究[D]. 上海：上海交通大学，2013.

对概率。具体在协同学中，涨落是指在复杂系统中总存在自系统的独立运动，及它们之间各种可能产生的局部耦合，再加上环境条件的随机波动等，都反映在系统的宏观量的瞬间值经常会偏离它的平均值而出现的起伏上，这种起伏就是涨落。①只有当上述四个条件齐备时，系统才能在无须外部指令干预的情况下，内部自发地形成自组织结构。

2. 竞争

哈肯在其著作中广泛阐述了竞争作为协同作用展开的基础和条件。②这一概念在多个领域中均有体现：从气体分子系统中分子的碰撞，到生态系统内物种间为生存而展开的竞争；从社会领域不同集团间的利益斗争，到思想和概念形成过程中的相互交流与批评，竞争无处不在，成为系统演化中最为活跃的动力。

竞争之所以至关重要，是因为系统内部各要素或子系统间的竞争是一种持续存在的现象。这种竞争的强度可能随条件变化而波动，但由于系统内部各子系统间的差异是恒常的，因此竞争的存在和演化也就成为一个永恒的过程。换言之，任何内部或事物之间的差异都必然伴随着竞争。

此外，系统内各要素或不同系统对外部环境和条件的适应与反应存在差异，获取的资源质量也不同，这进一步加剧了竞争的程度。竞争的结果可能会导致系统内部或系统间的差异、非均匀性和不平衡性增加。从开放系统的演化视角来看，竞争既是推动系统远离平衡态自组织演化的因素，也是促使系统向有序结构演化的动力。竞争的概念，甚至被有的学者称为万物之父，万物之王。③

---

① 曾健，张一方. 社会协同学［M］. 北京：科学出版社，2000：46.

② 哈肯. 高等协同学［M］. 郭治安，译. 北京：科学出版社，1989：1-3.

③ 吴彤. 论协同学理论方法—自组织动力学方法及其应用［J］. 内蒙古社会科学（汉文版），2000，11（124）：19-26.

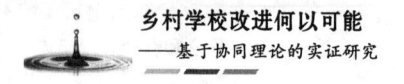

3. 协同

在协同学领域，协同概念扮演着核心角色。哈肯多次指出，协同学是一个跨学科的研究领域，它专注于探讨各学科中合作、协作或协同的理论。根据哈肯的定义，协同指的是系统内众多子系统之间的相互协调、合作或同步行动，这种集体行为反映了系统的整体性和相关性。自组织系统的演化动力源自内部的两种基本相互作用：竞争与协同。子系统的竞争使系统趋于非平衡，而这正是系统自组织的首要条件，子系统之间的协同则在非平衡条件下使子系统中的某些运动趋势联合起来并加以放大，从而使之占据优势地位，支配系统整体的演化。[①]

4. 相变

物质相变是指物质从一种状态转换到另一种状态的过程。在物质系统中，具有完全相同的物理和化学性质，并且与其他部分有明显分界面的均匀部分，在协同学理论中被定义为"相"。根据物质的固态、液态和气态三种基本状态，相应地存在固相、液相和气相。相变是子系统间具有不同聚集状态之间的转变，是在临界状态时突然发生的，不同的相具有明显不同的有序或无序性。[②]

5. 序参量和伺服

在协同学中，序参量和伺服机制构成了两个核心概念。序参量是描写系统内部有序化程度、表征相变过程的基本参量。在协同学中标志相变出现的参量就是序参量，它在系统中起主导作用，决定着系统的有序或者无序状态，也表示系统的不同性质或者不同层次等。[③]伺服过程描述的是

[①] 吴彤. 论协同学理论方法——自组织动力学方法及其应用 [J]. 内蒙古社会科学（汉文版），2000，11（124）：19-26.

[②] 夏晓婷. 协同学理论视阈下的大型活动组织研究——以上海市大型活动组织为案例的研究 [D]. 上海：上海交通大学，2013.

[③] 同上。

序参量与系统内部众多子系统的运动状态之间的相互作用，即众多子系统首先产生序参量，随后这些子系统又遵循序参量进行调整和响应的过程。序参量这一概念最初由物理学家朗道提出，用以解释连续相变现象，它作为一种概念工具，旨在指示新结构的出现、区分连续相变及其有序结构的类型和程度。哈肯借鉴了这一概念，在协同学领域中使用它来替代熵的概念，后者在物理学中定义为热能与温度的比值，是衡量热量转化为功的效率以及系统混乱程度和能量消耗的指标。在处理自组织问题时，参序量概念被视为一种通用的判断标准。哈肯认为，对于任何系统而言，如果在系统的演化过程中某个参量能够从不存在变为存在，并且能够标示出新结构的形成，那么这个参量便可被定义为序参量。

哈肯提出的序参量概念，相较于传统相变理论，内容更加丰富和深入。在协同学领域内，序参量首先作为一种宏观参数被界定，它本质上反映了众多子系统集体运动形成的宏观整体模式。这一概念的引入，旨在准确描述系统的整体行为。序参量不仅源自系统内部众多子系统的集体动态（包括相互之间的竞争与合作），一旦形成，还会对这些子系统产生影响，进而控制系统的整体演化路径。因此，序参量同时扮演着子系统合作效应的标志和度量，以及系统整体运动状态的衡量参数的角色。

正如哈肯所指出的，从信息交流的视角来看，序参量具备双重功能：一方面，它引导各个子系统的行为模式；另一方面，它向观察者传递系统宏观有序状态的信息。系统的动态过程，本质上是子系统间通过相互竞争和合作产生序参量，然后序参量再逆向作用于子系统，促使子系统对序参量做出反应。

此外，许多系统在发展过程中，往往不是只形成一个序参量，而是会出现多个序参量。这些序参量在系统随时间演化的过程中，可能呈现出合作或竞争的关系。这种多样性及其复杂的相互作用，催生了具有不同特性和运动模式的系统。

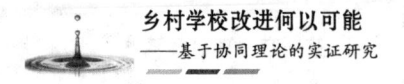

（二）两种方法

协同学以微观和宏观两种视角来开展研究。在微观维度上，协同学运用的方法与传统数学方法大致相同，这特别适合于研究自然科学领域中如物理化学系统等问题。但是，在面对复杂系统时，特别是面对极度复杂的人类社会等系统，由于无法全面把握所有的微观相互影响并难以构建描述微观行为的方程组，必须通过分析微观和宏观两种视角，以便做出更客观、合理的判断。

1. 微观研究方法

在微观维度上，协同学运用的方法与传统数学方法大致相同，这特别适合于研究自然科学领域中的问题，如物理、化学系统等。具体而言，微观研究方法主要包括以下几个方面。

（1）微观变量分析。通过定义系统中的基本单元及其相互作用关系，建立微观层次的模型。这些模型通常以微分方程、统计力学或量子力学为基础，描述系统中各个部分的动态行为。

（2）数值模拟。利用计算机进行数值模拟，以解决复杂的微观方程组。数值模拟能够帮助我们理解系统在不同条件下的演化过程，并预测其未来行为。

（3）实验验证。通过实验手段验证理论模型的正确性。实验数据可以用于调整和优化微观模型，使其更符合实际情况。

（4）局部相互作用。重点研究系统中局部单元之间的相互作用及其对整体系统行为的影响。这种方法特别适用于研究具有明确边界和规则的系统，如晶体结构、化学反应等。

2. 宏观研究方法

面对复杂系统，特别是极度复杂的人类社会等系统，由于无法全面把握所有的微观相互影响并难以构建描述微观行为的方程组，我们不得不采取宏观的研究视角。宏观研究方法主要包括以下几个方面。

（1）序参量和伺服变量。

①伺服原理。在系统的相变点，对系统演化起关键作用的是序参量，而其他参量则成为被序参量役使的伺服变量。当系统临近临界点时，若存在多个序参量且它们之间势均力敌，这些序参量会相互妥协、协同合作，共同控制系统的宏观结构。此时，序参量之间的协同作用决定了系统的有序结构。然而，随着控制参量的变化，当合作的序参量达到某个新的阈值时，可能会出现一个序参量独占主导地位的情况，此时其他序参量则转变为伺服量。

②役使原理。在系统演化过程中，当接近状态变化的临界点时，"快变量"由于变化迅速，往往在对系统产生影响之前就消失或改变了。而少数"慢变量"则变化相对缓慢，成为支配和主导系统演化的序参量。这些序参量是由子系统的竞争与协同产生的，同时它们又支配着子系统，使子系统伺服于序参量。序参量之间的协同合作形成了有序的宏观结构，这就是协同学的役使原理。

（2）协同效应。协同效应原是一种物理化学现象，描述的是两种或两种以上组分组合在一起时，所产生的作用大于各组分单独作用时的总和。简而言之，就是实现"1+1>2"的效果。在协同学中，协同效应指的是构成宏观整体系统的各子系统之间通过相互竞争、相互影响和相互合作所产生的总和效应，这种效应大于各子系统单独发挥作用时的总和。

（3）耗散结构理论。一个远离平衡态的非线性开放系统（无论是物理、化学、生物系统，还是社会、经济系统），通过不断地与外界交换物质和能量，当系统内部某个变量的变化达到一定的阈值时，通过涨落，系统可能发生突变即非平衡相变，从而由原先的混沌无序状态转变为一种在时间、空间或功能上的有序状态。这种在远离平衡的非线性区形成的新的稳定的宏观有序结构，由于需要不断与外界交换物质或能量才能维持，因此称之为

"耗散结构"①。

（4）整体系统分析。宏观研究方法关注系统的整体行为和演化规律，而不是局限于单个单元的行为。通过观察和分析系统的整体特征，如相变、临界现象、稳定性等，来揭示系统的内在机制。

微观和宏观两种研究方法在协同学中相辅相成。微观方法适用于研究明确边界和规则的自然科学系统，而宏观方法则在处理复杂的社会系统和开放系统时表现出色。通过结合这两种方法，以便更全面地理解和预测各种复杂系统的行为和演化规律。

二、协同理论在社会科学的应用领域概述

协同学理论研究不同事物的共同特征及其协同机理，具有普遍适用性，既具有重要的自然科学研究应用价值，同时对社会科学领域的管理和决策问题也有重要意义②，因此近年来被认为是新兴的综合性学科，并广泛应用于不同的领域，尤其是在教育教学、社会管理、企业管理、交通运输等领域具有较为广泛的研究与应用。③

（一）国内相关研究

我国对协同学理论的认知始于20世纪80年代初期，其中，王雨田教授是国内最早对该理论进行探究的学者。他在1986年出版的《控制论信息论系统科学与哲学》一书中，专门在第十五章"系统科学与系统方法"中对

---

① 夏晓婷. 协同学理论视阈下的大型活动组织研究——以上海市大型活动组织为案例的研究［D］. 上海：上海交通大学，2013.

② 杨涛. 耗散结构与协同学理论视野下的高校学科建设［J］. 高教探索，2007（6）：68-70.

③ 付燕荣，邓念，彭其渊，等. 协同学理论与应用研究综述［J］. 天津职业技术师范大学学报，2015，3（25）：44-47.

协同学理论进行了详尽的介绍。在整个80年代，王雨田、金观涛、沈小峰等人在"新三论"和"老三论"的研究方面产生了深远的影响。而自90年代以来，关于协同学理论的研究逐渐进入繁荣阶段。

通过中国知网的搜索，从1981年至2022年期间，全文涉及"协同学"的期刊研究成果共计达到了3 100条。值得注意的是，在1995年之前的14年间，虽然论文数量相对较少，仅有138篇，但随后的研究活动逐渐加强。特别是在2002年至2011年期间，研究成果呈现出逐年递增的趋势，并且在近十年中，这一增长态势得以保持，使得协同学成为我国近20年来迅速发展并广受关注的新兴学科。

从应用领域来看，协同学理论的应用已经渗透到多个学科领域，包括生物学、力学、物理学、化学等传统学科，以及教育学、经济学、管理学、社会学等社会科学领域，甚至延展至地球科学、计算机科学、交通运输工程、机械工程、医学、电气工程、土木建筑工程以及体育科学等，都受到了协同学理论不同程度的影响。当前，随着学科的交叉融合成为一种常态，单一学科的界限变得越来越模糊。例如，经济学的理论和方法现在经常被引入社会学和管理学的研究中。总体而言，在我国的实践应用中，协同学理论主要在教育教学、社会管理、企业管理以及交通运输等领域发挥着重要作用。同时，近年来协同学在体育科学、地质勘探、土木建筑工程以及计算机科学等领域的研究也呈现出了蓬勃发展的势头。教育教学领域是我国协同学应用最广泛的领域之一，这不仅与该行业从业人员息息相关，也与其社会属性和国家政策相关，同时协同学方法也更易于分析相关问题。协同学方法主要应用于各阶段各类型各学科课程教学组织、大学生思想政治教育及心理健康教育、研究生培养、师资培养及教学团队合作、高校学科建设、专业群构建及人才培养、高校协同创新及产学研协同发展、高校图书情报工作、远程教育、数字化校园构建、高校管理工作、高等教育及职业教育的区域优化、成人教育教学及各阶段教育家校合作等方面。

社会问题是涉及国计民生的重大问题，同时也是范围极广的一类问题。因此，社会问题（尤其是社会热点问题）的探索和解决方案是协同学在我国应用最广泛的另一个领域。社会学的研究人员主要研究协同学视角下的乡村治理模式、公立医院改革、大型活动组织、官德与廉政文化建设、政府部门间关系构建及政府跨域治理、旅游产业协同发展问题、电子政务、"三化"同步发展、生态安全、社会组织公共服务供给、社区管理、公共危机治理、区域产业配置及经济协同、行政监督系统、城市联盟、大型基础设施建设项目协同管理、高新技术产业与传统产业协同发展、和谐社会的构建等问题。

（二）国外相关研究

协同理论在国际社会科学领域中占有举足轻重的地位，这主要归功于它对集体有序行为和自组织现象的深入剖析。20世纪末，随着文献计量学被引入我国社会科学研究范畴，协同理论也逐渐在公共管理学中获得了广泛应用。在处理政府治理过程中的碎片化问题时，协同治理理论尤为引人注目，被视为一种有效的解决策略。大量基于该理论的研究不仅被频繁引用，累计引用次数高达8 800次以上，而且对公共治理理论和政策实践产生了深远影响。

在数字社会向智能社会转型的进程中，协同理论同样展现了其不可或缺的重要性。国际上对协同治理的研究起源于对自治需求与治理能力之间不平衡的认识，这一研究不断推动着公共行政理论的创新和改革的深化。值得一提的是，Norgaard在1984年首次将协同演化的概念引入社会经济学中，此后，协同演化理论在管理科学的各个分支中得到了广泛应用。

此外，国外学者们还致力于运用协同理论来剖析复杂的人际关系网络，深入解析组织与团体间的合作关系，并将这一理论广泛应用于跨学科的研究实践中。这类研究不仅促进了学术领域内的对话与交流，而且在理论框架内为应对现实世界中的问题提供了有效的工具和思路。通过协同理论的应用，我们能够更深入地理解集体行为的动力学机制，从而为解决现实问题提供更加科学和有效的策略。

三、协同理论在教育教学与乡村治理领域的研究概述

（一）教育教学领域

总体来看，在教育教学领域，目前应用协同学理论进行高校教育管理研究较多，基础教育管理研究较少。杨涛在《耗散结构与协同学理论视野下的高校学科建设》中，借鉴耗散结构与协同学理论对高校学科建设进行理论研究，以期为学科建设提供理论支持。他类比协同理论所研究现象的行为特征，指出学科建设是系统有序与无序的对立统一，是系统平衡和演变的对立统一，是系统外力和内力的对立统一，是系统主参量和次参量的对立统一，是人的作用和物的作用的对立统一。并以此为理论基础，为学科建设的实践策略搭建框架。[①]刘东霞在《协同学理论视野下课堂管理策略新探》中，深入探讨了如何运用协同学理论构建民主型的课堂管理模式，以及如何运用协同学的方法建立良好的课堂管理秩序。她将协同学理论的各要素映射到课堂管理之中，指出教师和学生是两个重要的子系统，产生竞争的原因主要是教师和学生在获得物质、信息、信息质量等方面的明显差异；教师对学生管理的切合点是序参量，可能是教师素养、心理特征、教学环境等；要达到整体协同效应，必须采取民主型的管理策略。[②]姚凯在《怎样把协同学理论应用于生物教学》中，从理论教学过程中师生互动的协同、实验教学中学生竞争与合作关系的协同、情感建设方面师生

---

① 杨涛. 耗散结构与协同学理论视野下的高校学科建设［J］. 高教探索，2007（6）：68-70.

② 刘东霞. 协同学理论视野下课堂管理策略新探［J］. 新乡教育学院学报，2006，3（19）：41-42.

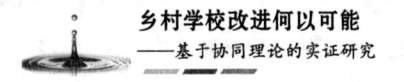

关系的协同三个方面应用协同学理论,达到"1+1＞2"的协同效应等。[①]

（二）乡村治理领域

在乡村治理领域,目前应用协同学理论进行乡村学校改进的研究较少。吴妤和梅伟伟的《协同学视阈下的乡村治理模式研究——基于乡镇政府与农民组织关系的探析》[②]以及梅伟伟的《协同学视阈下的乡村治理模式研究》[③]探讨了乡村治理的新思路。李伟的《协同学视阈下的我国农村公共产品供给系统再造》对协同学与农村公共产品供给系统的再造进行了研究。[④]戴桂英在《区域协同、科学发展与社会和谐》一书中,把和谐社会的建设与协同学理论相契合。[⑤]

四、协同理论与协同创新理论、协同治理

（一）协同创新理论

协同创新理论的理论基础也是协同学。该理论是胡锦涛在清华百年校庆上提出的,其不但具有重要战略指导意义,也是我国整体实现创新追赶的必经之路。经济发展离不开科技创新的强力支撑,中国能否保持高速的经济增长的关键在于能否提供强力的科技创新后盾。放眼世界,我国科

---

① 姚凯. 怎样把协同学理论应用于生物教学［J］. 铜仁师范高等专科学校学报,2006,9（8）：71-73.

② 吴妤,梅伟伟. 协同学视阈下的乡村治理模式研究——基于乡镇政府与农民组织关系的探析［J］. 天府新论,2010（2）：11-15.

③ 梅伟伟. 协同学视阈下的乡村治理模式研究［D］. 甘肃：兰州大学,2010.

④ 李伟. 协同学视阈下的我国农村公共产品供给系统再造［J］. 行政论坛,2009,16（1）：25-28.

⑤ 戴桂英. 区域协同、科学发展与社会和谐［M］. 杭州：浙江大学出版社,2011：13.

第一章 理论阐释

技创新成果硕果累累，虽然其中不乏高端成果，但大部分仍缺乏核心知识产权。与此同时，复杂科技创新时代的到来给我国科技创新带来了新的挑战。目前，世界范围内已经进入到一个复杂的科技创新时代，其复杂性表现在科技创新成果往往并非建立在单一成果之上，而是综合集成众多研究成果。在这一大趋势之下，如何实现跨部门、跨单位、跨主体之间的合作，是我国科技创新发展的关键所在，协同创新理论的提出具有重要的理论与现实意义。[1]

协同创新理论前期主要应用于企业研究，包括企业内部的协同创新和企业间的协同创新，后扩展为对科技产业集群的研究，研究主体包括企业、高校、科研机构[2][3]、政府[4][5]和中介机构[6][7][8]等，分析协同创新系统的创新源、市场、生产、制度文化、品牌等协同问题，并对协同创新程度

---

[1] 苏屹. 基于系统科学的协同创新理论分析方法研究 [J]. 科研管理, 2013, 12 (34): 140-143+188.

[2] Massa S, Testa S. Innovation and SMEs: Misaligned perspec-tives and goals among entrepreneurs, academics, and policy makers [J]. Technovafion, 2008, 28 (7): 393-407.

[3] Razak A A, Saad M. The role of universities in the evolution of the Triple Helix culture of innovation network: The case of Malaysia [J]. International Journal of Technology Management & Sustainable, 2007, 6 (3): 211-225.

[4] Hewitt, Dundas N. Resource and capability constraints to innovation in small and large plants [J]. Small Business Economics, 2006, 26 (3): 257-277.

[5] Biggs T, Shah M K. African SMES, networks, and manufacturing performance [J]. Journal of Banking & Finance, 2006, 30 (11): 3043-3066.

[6] Doloreux D. Regional networks of 81nan and medium sized enterprises: Evidence from the metropolitan alert of Ottawa in Canada [J]. European Planning Studies, 2004, 12 (2): 173-189.

[7] Hadjimanolis A. Barriers to innovation for SMEs in a small less developed country (Cyprus) [J]. Technovation, 1999, 19 (9): 561-570.

[8] Nieto M J, Santamarh L. The importance of diverse collaborative networks for the novelty of product innovation [J]. Technovation, 2007, 27 (6-7): 367-377.

与产出和持续创新过程进行分析，寻求集群的协同创新机理。[①]

（二）协同治理

协同治理与协同学理论，虽然前者更注重实践层面的研究，而后者更偏向于理论层面的探讨，但两者在思想内核上展现出高度的一致性。它们都聚焦于不同子系统间的竞争与合作关系，以及追求"1+1＞2"的协同效应。协同治理倡导多元化的治理主体，这些主体包括公共部门、企业、社会组织及个人。在资源与利益相互交织的环境中，各方共同参与决策过程，并联手面对公共问题挑战。作为公共事务治理的新策略、解决公共问题的新机制，无论是美国、英国等西方国家，还是韩国、日本等亚洲国家，抑或处于民主进程、经济发展相对缓慢的发展中国家，都不同程度地出现了协同治理的踪迹。[②]

当前，我国在环境保护、危机管理等领域也已开始尝试采用协同治理模式。同时，有学者对协同治理背景下的学校变革和乡村治理进行了深入研究。南钢在《协同治理视野下的学校变革：特征、诉求与路径》一文中指出，在协同治理视野下，当前学校教育变革呈现出系统性、协同性、多元性等特征，具有从校长中心走向多元治理、从封闭主义走向开放生态、从管理至上走向伦理治理、从个体价值走向协同合作四个教育诉求。为此，基于协同治理的视角，推进学校变革的基本路径就是共建共享与协同创新，即创新整合共建共享的社会资源平台、建立完善共建共享的资源协作机制、制定共建共享的资源评估指标体系。[③]

---

① 解学梅，曾赛星. 科技产业集群持续创新系统运作机理：一个协同创新观［J］. 科学学研究，2008（4）：828-845.

② 张贤明，田玉麒. 论协同治理的内涵、价值及发展趋向［J］. 湖北社会科学，2016（1）：30-37.

③ 南钢. 协同治理视野下的学校变革：特征、诉求与路径［J］. 广西教育学院学报，2017（2）：122-125.

另一方面，林莉聚焦乡村振兴，通过对乡村价值的梳理、定位和提升，实现农村社区治理逻辑与价值目标的一致。她指出应从乡村价值的重塑入手，基于本体性与现代性价值融合，明确农村社区自组织内部的协同定位；基于公共空间与乡村文化建设，实现农村社区多元主体间的协同合作，从而促进城乡融合。①

五、协同理论在社会科学领域的应用模式及可创新之处

目前，尽管尚缺乏对协同理论在社会科学领域应用模式的全面、系统地提炼，但通过文献研究，已初步识别出若干应用模式，并指出了未来的发展方向和创新可能性。以下是对这些应用模式的补充、修订和完善。

（1）类比协同理论研究社会科学现象的行为特征：进一步探索协同理论在社会科学现象中的具体应用，特别是在组织变革、社会运动等方面。通过分析不同社会科学现象，可以更深入地理解协同理论的实际应用价值及其参考意义。

（2）将协同理论的要素映射到研究对象中：深入分析如何将协同理论中的动力学原理、稳定性条件等应用于学校管理结构、决策过程的分析中，旨在探讨理论工具如何助力优化组织内部资源配置和流程设计。

（3）研究子系统间的相互作用及协同效应：详细探讨不同子系统间的相互作用机制，如教学方法创新促进教师与学生间的有效互动，或是通过课程设计实现知识跨学科融合的策略。

（4）探索外部协同模式：具体分析学校与外部系统（如政府、社区等）之间的协同互动模式，探讨学校如何参与地方政策制定，或与企业合

---

① 林莉. 乡村价值演化与振兴：农村社区协同治理发展的内在伦理［J］. 新视野，2019（2）：102-108.

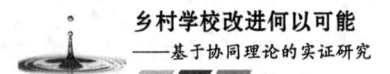

作开发教育产品和服务。

（5）建立跨界协同的理论框架：构建用于指导学校与社区、企业、政府等不同社会实体之间跨界协同的理论框架，包括建立有效沟通渠道、协调不同利益关系、共同解决社会问题等策略。

（6）进行实证研究和案例分析：通过实证研究和案例分析，验证协同理论在教育与其他社会领域的应用效果，分析成功与失败的案例，总结经验，提出实用策略。

（7）开发协同效应的评价体系：构建一套评价体系，用于衡量学校内部及与外部系统协同合作的效果，评价维度包括教育质量、社会贡献和经济效益等。

尽管当前的应用模式主要集中于学校内部各要素间的协同，但协同理论在社会科学领域的应用潜力远不止于此。特别是学校作为自组织系统，其与外部力量（如政府、社区、公益组织、资本市场等）的相互作用及达成协同效应的探索，尚待进一步开发和完善。这些外部协同的新模式不仅能够丰富协同理论的应用范畴，还有助于推动社会科学领域内更广泛的理论创新和实践应用。

第二节 乡村学校改进实证研究综述

一、基本概念

（一）乡村学校

"乡村"是指"主要从事农业、人口分布较城镇分散的地方"[①]。其

---

① 中国社会科学院语言研究所词典编辑室. 现代汉语词典[M]. 北京：商务印书馆，2016：1426.

第一章 理论阐释

中，"村是农村居民的自治单位，乡是农村基层的行政区域单位"①。与此相近的"农村"一词，在《现代汉语词典》中指的是"以从事农业生产为主的人聚居的地方"②，与"乡村"不同，"农村"是根据生产方式进行划分的区域。就字面来看，"乡村"和"农村"的含义相差甚微，在日常生活和教育研究中经常被当作同一个词汇使用。只有少数学者对"乡村"和"农村"两个概念进行了区分，区分的角度主要从暗含的意义表达以及涵盖的地理范围两个方面。薛晓阳认为，"乡村教育"与"农村教育"的指向是相近的，不过一个"常用于文化和哲学意义层面的表述"，另一个"常用于行政和实践意义层面的表达"。③李少元则从涵盖的地理范围对"乡村"和"农村"的区别与联系进行了厘清，他认为乡村是农村的下位概念，村、乡、镇都属于农村的范围。"鉴于我国以至其他发展中国家农村城市化整体发育水平不高的状况，乡级镇也只是农村城市化发育过程的产物，所以我们把乡级、村镇、集镇统统列在农村范围。乡村教育是农村教育的主体。"④在对"乡村"与"农村"进行区分的研究中，多数学者都认同该观点，即县以下的区域属于农村的范围，乡与镇的区域属于乡村的范围；乡村是农村的下位概念，乡村包含于农村。而在2021年4月颁布的《中华人民共和国乡村振兴促进法》中把乡村界定为"城市建成区以外具有自然、社会、经济特征和生产、生活、生态、文化等多重功能的地域综合体，包括乡镇和村庄等"⑤。

根据上述界定方式，乡村是指城市以外的乡镇和村庄。"乡村学校"

---

① 张少刚. 农村现代远程教育引论[M]. 北京：中央广播电视大学出版社，2001：2.

② 中国社会科学院语言研究所词典编辑室. 现代汉语词典[M]. 北京：商务印书馆，2016：960.

③ 薛晓阳. 乡村教育与乡村建设的政策隔离及问题——以农村教育的文化责任和乡村义务为起点[J]. 清华大学教育研究，2018，39（2）：52-59.

④ 李少元. 农村教育论[M]. 南京：江苏教育出版社，1996：1.

⑤ 十三届全国人大常委会. 乡村振兴促进法[EB/OL]. （2021-04-29）[2022-10-20]. http://www.npc.gov.cn/npc/xczxcjflf/xczxcjflf.shtml.

—17—

指的是乡镇及以下地区，城乡接合部及县城以外的由政府主导办学的公立学校。

（二）学校改进

"学校改进"这一概念在学术界尚未达成统一的界定，但大体上可归纳为三种不同的阐释视角：一是偏重于对改进过程的细致描述；二是着重于对改进结果的明确界定；三是将改进过程与改进结果有机结合的综合诠释。

首先，从过程的视角来看，以经济合作与发展组织的观点为代表，其认为"学校改进是一种系统而持续的努力，其核心目的在于改变校内的学习条件及其他相关条件，从而使得学校能够更加高效地实现其既定的教育目标"[1]。这一定义不仅强调了学校改进的动态性和系统性，还凸显了改进工作的计划性和持久性。

其次是对学校改进结果的强调，Gray等人认为，一所学校的改进是一批学生每年的成绩都有所提升，也就是说随着时间的推移，学校的效能会有所提升。[2]然而，值得注意的是，"学校的情况复杂多变，能够影响学生成绩的因素有很多，只关注学生学业成绩的提高，忽视了持久而系统的努力，即使出现了成绩的提高，也未必算是学校改进"[3]。

最后是学校改进过程与结果的结合，剑桥大学教育学院认为：学校改进属于教育变革的一种策略，不仅能够促进学生的学习成效，还可以提高学校应对变革的能力。通过聚焦学校的教学过程以及提供其他相关条件的支持从而提升学生的学习结果，这是一种通过提供优质教育而提升学校变革能力

---

[1] 梁歆，黄显华. 学校改进：理论和实证研究 [M]. 上海：华东师范大学出版社，2010：20-21.

[2] Gray J, Hopkins D, Reynolds D, et al. Improving school's performance and potential [M] // Improving Schools: Performance and Potential. 2010：168.

[3] 杨伟悦. 扭转型领导与薄弱学校改进 [D]. 上海：华东师范大学，2018.

的策略，而不是被动、盲目地接受和执行政府法令。[1]这个定义不仅指出了学校改进的功能和目的，还同时兼顾了学校改进的过程与结果的描述。[2]

综上所述，"学校改进"是一个涉及学校整体和全局发展的综合性概念。它不仅包括学校内部的各种改进和发展举措，还涵盖了学校外在形象和影响力的提升。在学校走向优质化的进程中，"学校改进"无疑是一个必经且持续的过程，它要求学校不断地进行自我反思、自我调整和自我完善，以实现教育质量的持续提升和学校的长远发展。

二、政策背景

习近平总书记在党的十九大报告中提出乡村振兴战略，为处于困局中的乡村学校提供了一个可观的生存环境与发展契机。2018年1月2日，中共中央、国务院发布了《中共中央 国务院关于实施乡村振兴战略的意见》（以下简称《意见》）。《意见》明确提出要"高度重视发展农村义务教育，推动建立以城带乡、整体推进、城乡一体、均衡发展的义务教育发展机制。全面改善薄弱学校基本办学条件，加强寄宿制学校建设"。同年9月26日，中共中央、国务院印发《乡村振兴战略规划（2018—2022年）》（以下简称《规划》）。《规划》对优先发展农村教育作了进一步阐述，从统筹规划学校布局、推进义务教育学校标准化建设、实现县域校际资源均衡配置、推行民族地区乡村中小学双语教育、加强城乡教师交流轮岗、推进乡村学校信息化基础设施建设、落实乡村教师生活补助政策等方面，更加细致地对促进乡村教育的发展做出了规划，为乡村学校的改善与发展

---

[1] David. Hopkins the Practice and Theory of School Improvement：International Handbook of Educational Change [M]. Netherlands：Speinger，2005：2.

[2] 梁歆，黄显华. 学校改进：理论和实证研究 [M]. 上海：华东师范大学出版社，2010：23.

指出了明确的努力方向。此外，还有一系列的关于乡村学校发展的文件，对乡村学校的发展做出了更全面的规划。国务院办公厅颁布的《乡村教师支持计划（2015—2020年）》和《关于全面加强乡村小规模学校和乡镇寄宿制学校建设的指导意见》，从软性师资建设与硬性设施建设两个方面做出的完善计划，为乡村学校的振兴提供了强有力的支撑。总之，乡村振兴战略作为党中央在新的历史时期做出的重要部署，为乡村社会的全面发展提供了强大的动力支持。而乡村教育作为乡村文化传承与乡村人才培养的系统，既是乡村振兴的深厚基石，也是乡村振兴的力量源泉，在乡村振兴过程中必然处于重要的地位，这是乡村学校得以发展的政策保障。[1]在多元化的社会背景下，乡村学校应当深深扎根乡村，并积极探寻与社区、公益组织、政府等各方携手共进的合作之道。我们需要构建一个多主体参与的共同体模式，汇聚各方智慧和力量，以唤起全社会的集体责任感。通过政策的扶持、校际的联动、社区与家长的紧密合作，以及非政府组织和市场机制的调节，我们将多方主体团结在一起，共同推动乡村学校的蓬勃发展。

三、现实困境

当前，乡村学校正面临前所未有的生存与发展危机。随着我国城镇化的快速推进，乡村社会在现代化进程中逐渐被边缘化，经济发展滞后，导致乡村人口大量外流，追求城市生活成为众多乡村人的梦想。这种人口流动带来了乡村学龄人口的急剧减少，对乡村学校的生存构成了严峻挑战。

为了应对城镇化带来的乡村人口减少和教育资源分散问题，我国农村地区实施了大规模的学校布局调整。这一措施虽然在一定程度上优化了乡

---

[1] 吴瑾. 新型城镇学校的教学改进研究——以四川省L学校为例[D]. 重庆：西南大学，2018.

村教育资源配置,但也引发了一系列新的现实问题。一方面,大量乡村中小学被撤并,导致学校数量锐减,给边远地区学生上学带来了极大不便。家校距离的增加催生了乡村寄宿制学校的出现,然而,这又伴随着诸多安全隐患和管理难题。另一方面,保留下来的乡村学校也面临着发展困境。学生人数不断减少,班级规模逐渐缩小,使得这些曾是乡村活力象征的学校如今却日渐萧条。城镇化不仅带走了乡村人口,更带走了乡村的热闹与活力。

随着生源和教师资源的逐级上移,从乡村到乡镇,再从乡镇到县城或市区,乡村学校被迫面对师资老龄化、小规模办学的现实。新鲜血液的缺乏导致乡村学校和教师队伍日益萎缩。不合理的师资结构和不完善的办学条件严重制约了乡村学校的教学质量。而教学质量的下降又进一步加剧了生源的流失,形成了恶性循环。原本旨在培养乡村儿童能力和素质的乡村学校,如今却变成了他们通往城市的跳板。优秀的乡村青年和知识分子通过教育离开了乡村,却鲜有回归,留下的主要是老人、妇女和儿童等弱势群体。与此同时,留守的乡村儿童对乡土文化的疏离和对城市生活的渴望,使他们在现代教育体系中迷失了方向,乡村文化的传承因此遭遇了阻断。

从以上分析来看,关于乡村学校面临的困境,目前研究主要集中在城镇化背景下对乡村学校提出的挑战、农村地区中小学校布局面临的问题,以及乡村学校对民族文化的传承困境三个方面。[①]因此,解决乡村学校面临的这些问题,不仅需要政府和社会各界的共同努力,还需要创新教育理念和教学方法,以适应乡村教育发展的新要求。

(一)城镇化背景下对乡村学校提出的挑战

随着我国城镇化进程的持续推进,民族地区乡村学校的发展正面临着

---

① 起朝梅. 民族地区乡村学校振兴面临的困境与对策研究 [D]. 西安:陕西师范大学,2019.

前所未有的挑战。这些挑战主要表现在学龄人口的急剧减少以及乡村教育在城镇化进程中面临的机遇与挑战并存等方面。

1. 乡村学校面临着学龄人口的急剧减少

在农村人口向城市流动的过程中,有一定比例的农村劳动力携带子女进城。有的是由于教育质量落后而流向城镇,[①]有的是由于农村学校的撤并向城镇流动,种种原因导致"空心村""空壳校"的现象产生。据胡俊生等人统计,短短十几年间陕西省的小学数量减幅达到60.6%,从2005年开始,陕西省的小学以每年平均约1 631.5所的速度减少,[②]减少的学校中很大一部分是乡村学校,学龄人口的流失带走了乡村地区的活力,乡村学校的发展面临严重危机。

2. 乡村教育在城镇化进程中既获得机遇也面临挑战

有学者认为,城镇化给农村教育带来新的发展机遇:乡村学校的办学条件得到改善,乡村教师队伍在一定程度上得到优化,以及举家迁移向城镇流动给乡村孩子带来新的教育契机。[③]但是机遇背后,乡村教育也面临着严峻的挑战。一方面,农村学校的硬件设施与城市学校相比仍有一定差距,比如学校的物质条件、校舍环境、现代化教学设施的配备并未跟上农村城镇化的步伐。[④]另一方面,乡村学校的师资问题是制约教育质量发展的关键因素。农村地区的教师存在数量相对不足和绝对过剩并存的问题,"目前我国以师生比为标准的教师配置方式造成小规模学校教师相对紧

[①] 秦玉友. 教育城镇化的异化样态反思及积极建设思路[J]. 教育发展研究,2017,37(6):1.

[②] 胡俊生,符永川,高生军. 空心村·空壳校·进城潮:陕北六县农村教育调查研判[M]. 北京:高等教育出版社,2015:27.

[③] 侯晓光. 城镇化背景下农村中小学教育的生存境遇及改进路径[J]. 基础教育研究,2014(22):3-6.

[④] 吴雨荣. 城镇化进程中农村教育面临问题的分析与建议[J]. 教学与管理(理论版),2015(36):24-26.

缺，教师的工作量过大"[1]，同时"随着大量农村小规模学校被合并，农村学校富余教师也会大量产生，富余教师的安置逐渐成为农村教育的一个复杂问题"[2]。年轻教师进不来，优秀教师留不住，学校教育质量难以提高，导致乡村儿童不断外流，如此形成恶性循环。

（二）乡村学校布局调整面临的问题

城镇化进程推动了农村义务教育学校布局的调整，大规模的撤点并校现象在带来教育资源优化配置的同时，也引发了一系列新的问题，这些问题受到了国内学者的广泛关注，成为乡村教育研究的重点。

1. 大量的学校撤并对学生上学产生了一系列负面影响

一是上学途中的安全问题。撤点并校后的学校服务区域增大，家庭和学校之间的距离增加，学生上学路程变得遥远，在一些自然条件恶劣的地区，上学成了一件危险的事情。[3]二是寄宿制校园中的安全问题。为了解决方便学生就读问题，大量寄宿制学校应运而生，引发了新的管理问题。徐永生等人指出，当前农村寄宿制学校存在危房大量存在、交通安全存在严重隐患、学校周边商店伪劣食品泛滥成灾、学校消防设施欠缺、建设工地与学生活动区没有严格分开等问题。[4]罗银利认为，"在没有建食堂的非寄宿制学校，有些学生由于离家远，中午不能回家吃饭，他们只能到附

---

[1] 刘善槐，邬志辉. 新城镇化背景下我国农村教师的核心问题与政策应对[J]. 东北师大学报（哲学社会科学版），2014（5）：188.

[2] 赵忠平，秦玉友. 学校布局调整背景下农村富余教师安置政策研究[J]. 四川师范大学学报（社会科学版），2013，40（5）：78.

[3] 庞丽娟. 当前我国农村中小学布局调整的问题、原因与对策[J]. 教育发展研究，2006（4）：1-6.

[4] 徐永生，宋世兵，彭小满. 关注农村寄宿制学校校园安全[J]. 湖南教育，2005（12）：4-5.

近简陋的饮食摊或小卖部吃点东西，营养、饮食安全得不到保障"[①]。三是撤点并校对学生心理健康造成一定影响。寄宿制学生因生理、心理发育变化，学习内容、环境等变化，易出现各种心理问题，加之寄宿制学生与父辈相处时间较少，受父辈关爱、熏陶影响相对少，教育引导不当，极易产生各种心理问题。[②]还有研究表明，撤点并校会引发学生辍学问题，"农村学生寄宿后，家庭经济、生活负担加重。有些家长为了孩子的前途，咬紧牙关、勉强维持，但一些家长不得不考虑让孩子退学回家，加剧了农村学生的辍学流失现象"[③]。此外，布局调整导致许多孩子不得不到乡镇或县城上学，许多家长为了确保孩子的安全和健康饮食，选择在县城的学校附近租房或购房，责无旁贷地承担起"陪读"的职责，陪伴孩子度过学习生涯。这在一定程度上加重了农村学生家庭的经济负担。

2. 撤点并校对乡村教师队伍的发展产生一定影响

其一，寄宿制学校的优秀教师资源短缺，大量的"兼科教学"影响教师的教学质量；加上教师资源配备不合理导致地区内教师资源微观上的缺编和宏观上的浪费。[④]其二，撤点并校后教师工作量增多，加大了教师的心理压力，尤其是寄宿制学校的教师，除了备课、改作业、上课外，还要打理学生衣食住行，额外地增加了教师的负担，使教师不同程度地产生了职业倦怠。[⑤]其三，凌昌猛等人认为，"寄宿制学校里后勤人员少，后勤工作

---

① 罗银利. 农村中小学布局调整的问题、原因及对策研究［D］. 武汉：华中师范大学，2007：28.

② 裴林. 寄宿制初中生心理问题对策［J］. 教育科研，2006（10）：14.

③ 中共天水市委组织部，中共天水市委党校. 天水经济社会发展问题研究（七）［M］. 兰州：甘肃人民出版社，2010：313.

④ 谷生华，彭涛，谢峰. 西部农村基础教育重组应一步到位——关于西部农村基础教育寄宿制学校建设的调查与思考［J］. 教育发展研究，2006（6）：32-35.

⑤ 罗银利. 农村中小学布局调整的问题、原因及对策研究［D］. 武汉：华中师范大学，2007：30.

难保障,学校配备人员紧缺,没有专职管理人员,给学校的工作带来了很多麻烦"[1]。其四,撤点并校进程中硬件和软件资源的配备没有跟上并校的速度,一是硬件上的欠缺:教室不够造成班额过大,学生食堂过小导致就餐困难,校园面积相对收缩使得学生活动空间变窄。二是集中办学后,由于一部分教师根本不能胜任新课改后的教学工作,造成师资短缺。[2]

(三)乡村学校的文化传承困境

1. 现代化浪潮冲击下的乡村文化困境

乡村学校的文化困境首先源于国家现代化发展对乡村社会和乡土文化的冲击。这种冲击使得乡村文化陷入进退两难的境地,不仅影响乡村居民的精神世界,还导致乡村少年的精神无根状态,进而束缚乡村教育和社会的发展。

2. 乡村文化现代性困境与学校文化困境的关联

乡村学校的文化困境与乡村文化的现代性困境密切相关。村落文化价值在现代化的诉求中整体贬值,乡民整体对乡土逃离,乡村的现代化将工业文明滋生的消极观念带入村落。[3]同时,乡村文化的发展载体被弱化,乡村居民精神生活的空虚,也进一步影响了乡村学校的文化环境。

3. 乡村学校文化困境的具体表现

乡村学校文化困境的具体表现包括多个方面。首先,城镇化和工业化的发展导致乡村学校的生存土壤被阻隔,乡村学校的培养目标和育人功能发生改变。李志超等人认为,传统文化与现代文化的碰撞,使生活在其中

---

[1] 凌昌猛,兰新铁. 当前农村寄宿制学校存在的问题及对策[J]. 小学教学参考,2006 (27):16-17.

[2] 罗银利. 农村中小学布局调整的问题、原因及对策研究[D]. 武汉:华中师范大学,2007:31.

[3] 王乐. 村落文化的传承与乡村学校的使命[J]. 湖南师范大学教育科学学报,2016,15(6):27.

的人们陷入集体的迷茫、挣扎与无助之中。① 文化的迷茫造成乡村青少年求学心态的失衡，通过应试教育的渠道获得接受高等教育的机会对他们来说需要付出比别人更多的艰辛，即使考上大学也会因为社会文化资本的缺乏而处于竞争的弱势。其次，"打工潮"吸引着大量年轻人外出谋生，却因文化技能的缺失经受着城市生活的摧残。年轻一代精神上的迷茫和空间上的逃离造成乡村文化未来传承者在时空上的缺位，② 这不仅使乡村学校的教育对象流失，也使乡土文化陷入后继无人的尴尬境地。此外，中年人再教育机制的匮乏和传承文化的孤独都在不同程度上困扰着乡村群体的心灵境遇。再次，乡村学校的文化困境还体现在教育教学方面的窘迫。王勇认为，乡村学校的文化困境体现在学校布局、学校教育内容和目标、乡村教师以及乡村教育评价标准等方面。③ 乡村学校虽然扎根于乡村、成长于乡村，可是乡村学校的教育教学却以城市学校为导向，从教学目标、教育内容，到教育评价制度，都以城市学校的办学内容为标准，乡村学校在所谓的"主流文化"中迷失了自身的特色与价值。

四、研究综述

（一）国外关于学校改进的研究

加快学校改进，推进教育均衡发展，提升教育质量，成为当代各地区乃至全世界所面临的共同课题。国外学校改进途径可分为两个层次：一是外部干预，外部干预包含政府干预和大学参与；二是内部改善，内部改善

---

① 李志超，吴惠青. 乡村建设的精神危机与乡村学校的文化救赎［J］. 中国教育学刊，2016（4）：1-5.

② 唐开福. 城镇化进程中乡村文化的传承困境与学校策略［J］. 湖南师范大学教育科学学报，2014，13（2）：107-110.

③ 王勇. 社会转型期乡村学校教育的文化困境与出路［J］. 教育探索，2012（9）：29-30.

主要是从文化改进、组织再造、校长领导力的提升、教师专业化发展和学生的视角等五种切入点实行改进。④（如图1-1所示）

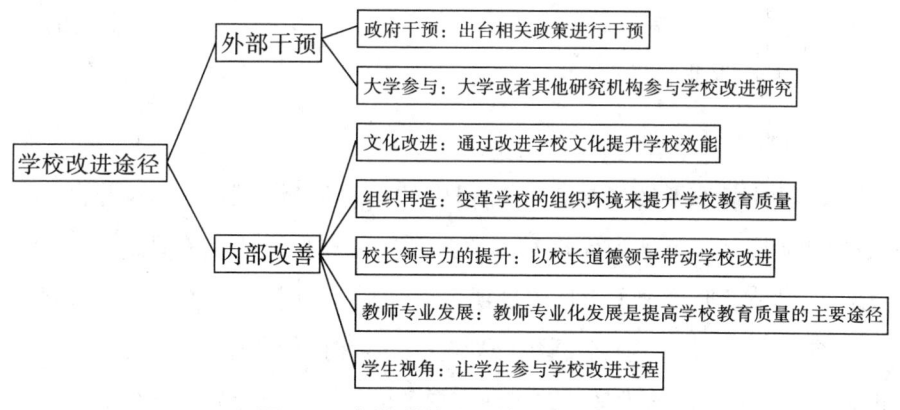

```
                    ┌─ 外部干预 ─┬─ 政府干预：出台相关政策进行干预
                    │            └─ 大学参与：大学或者其他研究机构参与学校改进研究
学校改进途径 ──────┤
                    │            ┌─ 文化改进：通过改进学校文化提升学校效能
                    │            ├─ 组织再造：变革学校的组织环境来提升学校教育质量
                    └─ 内部改善 ─┼─ 校长领导力的提升：以校长道德领导带动学校改进
                                 ├─ 教师专业发展：教师专业化发展是提高学校教育质量的主要途径
                                 └─ 学生视角：让学生参与学校改进过程
```

图1-1　乡村学校改进的五种切入点

其中比较突出的研究与探索如下。

1. 相关法律和政策

美国在城镇薄弱学校的改造政策上主要施行扶植策略，包括制定改进计划、技术支持和追加拨款三个方面。改进计划可以对每个薄弱学校的特定问题制定出相应的解决方案。技术支持常被作为一种持续的干预手段使用。尽管绩效提升与额外拨款之间是否具有正相关关系还有待研究，但越来越多的州都会向薄弱学校提供专项拨款。⑤李均等人认为，美国为确保适龄儿童都有均等的机会接受教育，而颁布《初等与中等教育法》，其中内容如下：联邦政府应该为低收入家庭儿童的入学提供资助。而20世纪90年代颁布的《学校改进法》则要求政府部门应该通过特殊拨款来促进欠发达地区教育的发展，布什政府则通过相关教育法案来帮助贫穷家庭孩子，

---

④ 陈丽，方中雄. 基于品牌塑造的学校改进［M］. 北京：北京师范大学出版社，2010：104-120.

⑤ 田凌晖. 薄弱学校改造的政策及实现路径：美国的经验［J］. 上海教育科研，2007（12）：14-16.

少数族裔子女和接收特殊教育的学生。①艾尔默的研究侧重于美国联邦部门制定的政策对学校教学工作的影响,以及这些政策和学校改进的关系,认为学校改进主要是改变相应的学习条件,为更有效地实现教育目标提供一定的支持和帮助。②

2. 制定专项计划

很多国家为了解决城市化过程中的教育问题,制定了不同的计划来解决问题。如英国为促进教学改进开展了教职员工的在职培训(IN-SET);③荷兰开展全国学校改进项目(LPS)、消除教育弊端的小规模实验(KEA),这两个项目试图在学校里发展和推行"适应性教学";④西班牙的改革者共同认为教学改进最重要的问题之一便是发展学生的阅读技能,因为阅读技能的掌握会影响到以后的学习,意识到此问题的重要性,改革小组决心致力于提高学生的阅读技能,并启动了"开放式阅读小组"这一项目;芬兰教育起初实行按智力分流的制度,1985年开始颁布新综合学校法规,新法规采用时间资源配额体系(TRQS),替换了智力分流体系,从而摒弃了原制度中将学生分流成不同教学班组的条例和规定,改革之后的芬兰教育体制,首要问题就是保证所有的孩子都能享受到一个平等的、充足的、统一的基础教育。

3. 激发教师内在意愿

在发达国家进行教学改进的过程中,激发教师内在的改进意愿是一个重

---

① 李均,郭凌. 发达国家改造薄弱学校的主要经验[J]. 陕西教育(行政版),2007(4):44.

② 王天晓. 教学改进:艾尔默对学校改进理论的深化[J]. 比较教育研究,2009,31(3):86-89.

③ 李凤琴,等. 教育人才专业化发展策略——我国教育科研院所队伍建设研究[M]. 北京:首都师范大学出版社,2007:185.

④ 孙河川,高鸿源,刘扬云. 从薄弱走向优质——欧盟国家薄弱学校改进之路[M]. 北京:高等教育出版社,2006:152.

要的方面。孙河川等人指出："政府优先考虑的是激发学校内在的意愿和能力来促进学校的自身建设……学校的教职员工以及管理者应该意识到，监测他们的教育的质量以及促进学校的发展是和他们的利益直接相关的。"[①]

4. 薄弱学校与优质学校教学改进对比研究

美国学者艾尔默对贫困学生和少数民族学生比例较大的学校进行了研究，发现这些学校的学生在标准测试中的表现并不逊色于优质学校的学生，甚至有些超过均值。这些学校的领导准确表达了对学生学习的期望，认真分析了教学中的不良状况，并制定了改进措施。他们注重反思学校自身的责任，而非简单地将原因归咎于外部条件。教师们也积极内化学习责任，成为改进教学工作的动力，并在教学实践中及时调整不适用的方法。

艾尔默对较富裕社区中优质学校的研究结果表明，尽管这些学校表面上有明显的优势，但内部存在许多问题。教师和行政人员在分析学生学习困难原因时，往往忽视自身原因，认为应由学生和家长解决。此外，这些优质学校未能重视学生的差异性，教学方式和重点一刀切，没有针对性。这种做法不仅使教学难以改进，还错误地强化了成就来自天赋的观念，导致问题加剧。

综上所述，薄弱学校和优质学校都存在各自的优缺点和需要改进的地方。艾尔默对此进行了深入分析，提出了以下改进思想：主要包括注重学校内部的责任感，提升教职员工的专业化水平，形成共同愿景，他认为可以在此基础上不断地促进教学实践向好的方向发展，为提高教学水平和学校真正发展打下良好的基础。[②]

从国外的学校改进研究我们不难发现：首先，国外的学校改进不仅

---

① 孙河川，高鸿源，刘扬云. 从薄弱走向优质——欧盟国家薄弱学校改进之路［M］. 北京：高等教育出版社，2006：3.

② 王天晓. 教学改进：艾尔默对学校改进理论的深化［J］. 比较教育研究，2009，31（3）：86-89.

包含了理论研究、实践探索,还涉及相关政策的推进,这三方面处于一种互相影响、彼此推动的关系;其次,国外学校改进计划具有很强的可操作性,尤其是欧美等国家制定了很多切实可行的计划,帮助中小学有效提升学生的学业成绩;再次是政府的支持力度大,每个国家都很在意提高本国的教育质量而制定了很多关于薄弱学校改进的相关政策,邀请教育专家进行指导与帮助,为改进提供了大量的支持;最后是评估的跟进,将学生成绩作为学校改进成效的重要评价标准。总之,国外学校改进的探索过程中有很多经验都是值得我国借鉴和反思的。

(二)国内关于学校改进的研究

在我国由于受到政治因素、经济因素、人口因素、文化因素及社会环境等方面的显著影响,在不同时期学校变革有着不同的理念。我国学校改进大致经历了教育革命阶段—教育改革阶段—学校改进阶段。[1]也有研究者认为我们还没有开展严格意义上的学校改进,[2]与国外的学校改进相比较,国内学校改进起步较晚,发展也较缓慢,目前仍处于实践探索阶段,但仍有一些学校在努力探索和尝试,让学校教育更利于学生的发展。

1. 谁来改——学校改进主体

一是政府主导。如上文所述,美国在城镇薄弱学校的改造政策上主要施行扶植策略。在我国,随着乡村振兴战略的全面实施,以政府作为薄弱学校改进主体的探索也在进行,主要从调整资源的配置入手,通过加大财政投入、改善办学条件等提高学校的硬件水平,通过领导班子、教师队

---

[1] 李保强,刘永福. 学校改进的历史回溯及其多维发展走向[J]. 教育科学研究,2010(2):28-32.

[2] 梁歆,黄显华. 学校改进:理论和实证研究[M]. 上海:华东师范大学出版社,2010:100-102.

伍的提升等加强师资队伍的建设，从外部入手对学校进行改进，也会实施一些专项计划。通常来讲，这种改进能有效改善学校的生态环境和办学条件。如上海市2010年底进行的"新优质学校推进项目"，参与改革的学校在短期内都有所改进和发展。[①]

二是学校自主。美国学者古得莱得曾说过："改革实际上是每个学校自己的事情，最有希望的改革方法是通过开发学校自身的能力来解决问题，成为一所可以自我更新的学校。"[②]伴随着我国教育改革的深入推进，不少地区的学校也开始了自我探索与发展，并取得了良好的改进效果。这与美国学者艾尔默在对美国的贫困学生和少数民族学生占比较大的学校与优质学校教学效果进行对比研究得到的启示具有相似性，即硬件条件薄弱的学校的学生的表现并不一定比优质学校的学生差，两类学校都存在各自的问题。关键在于学校的领导能否准确表达本校学生对学习的期望，且能认真分析目前教学中的不良状况，制定出相应的改进措施。在改进过程中能否反思学校自身的责任，而不是单纯的将原因归结为外界条件。同时，还在于教师能否积极地将学习的责任内化成为他们自身改进教学工作的动力，并且在具体教学实践中若发现相关方法不适用就立刻改进。在我国，比较典型的通过学校自主改进获得成功的有洋思中学、杜郎口中学和东庐中学等（参见表1-1）[③]。

---

① 夏雪梅. 新优质学校走向哪里：基于43所学校变革路径的分析［J］. 上海教育科研，2013（1）：10-14.

② 古得莱得. 一个称作学校的地方［M］. 苏智欣，胡铃，陈建华，译. 上海：华东师范大学出版社，2006：108.

③ 洪明，余文森. "先学后教"教学模式的理念与实施条件——基于杜郎口中学、洋思中学和东庐中学教学改革的思考［J］. 中国教育学刊，2011（3）：47-50.

表1-1 我国比较典型的学校自主改进学校

学校	改革来源	主要措施	成功之处	不足
洋思中学	首任校长教育自己子女的心得经验	遵循"没有教不好的学生"的教学理念,采取"先学后教,当堂训练"的教学模式	"目标导向、任务驱动"把课堂教学过程转化为引导学生自主学习的过程	课前准备加重学生负担;忽视教学需要保持一定的"神秘和好奇心";没有教师引领容易偏离;教学要求的"清"不易界定
杜郎口中学	学生对课堂教学的怨言,校长在向学生征求有关课堂教学意见时偶然听到"教师还不如我们自己教得好"的议论	按照夸美纽斯"寻找并找出一种教学方法,使得教师因此可以少教但是学生可以多学"的"少数多学"的理念,开创了"336"模式	课堂的开放程度大,"兵教兵"调动了学生学习的积极性	指令性规定"讲与学"把教学辩证统一有机联系割裂开;"兵教兵"导致课堂信息量减少,有效教学时间难以保障;课程整体与系统性体现不到位
东庐中学	在前期"导学卡""同步练习"等教改基础上摸索出"讲学稿"之路	尝试以"统一教案,师生共用"的理念,从抓备课组建设入手,进行集体备课研究,以"讲学稿"为载体进行课堂教学模式改革	遵循"三人行必有我师"的理念,强调教师合作性,激发了集体备课的智慧	容易把教学目标和学习目标混淆;内容安排不一定适合学生需要,学生主动性不足;易把讲学稿内容习题化;削弱学生"学"的主体意识;师生共用讲学稿忽视教师与学生的差异以及学生个体间的差别

三是大学与中小学合作。每所学校都不是孤立存在的,想要推动学校走向优质,只靠政府和学校自主探索还不够。因此,在政府安排和学校主动要求下,大学研究者进入学校,结合学校所面临的问题,运用自己的专业知识帮助学校实现自身的改进和发展。卢乃桂、张佳伟提出了院校协作在学校改进中的功能可划分为四个方面:正向显性功能、正向隐性功能、负向显性功能和负向隐性功能,院校协作下的学校改进对于提升学校

教育质量具有重要的理论和实践意义。①以我国香港的优质学校改进计划为例。优质学校改进计划是在香港中文大学教育专家和学校教职员工共同协作下，寻找学校的发展策略以推进学校全面改进，该计划最突出的特点是院校协作模式。该计划认为大学与中小学校的协作是种由"共栖关系"（symbiotic relationship）所衍生的试验，处在此种关系中的双方应同时是自私和无私的。②这种关系给我们的重要启示是：大学和中小学的关系是平等、互信和互惠的；双方通过协作获得各自的发展需求；有效的协作需要双方彼此诚悦接纳，保持良好的沟通、理解，协作和互信。

2. 改什么——学校改进的目标和内容

陈木金通过"从学生学习模式看课堂评价与教学改进""从教师教学模式看课堂评价与教学改进""从课室历程模式看课堂评价与教学改进"与"从教学反思模式看课堂评价与教学改进"四个方面，探讨分析以学定教的课堂评价与教学改进的模式，多角度分析研究了教学改进，为他人研究教学改进提供了借鉴。③郭华探讨了基于深度学习的教学改进，认为深度学习的提出有助于反思现实的教学改革，有助于体现教学中学生的主体地位，有助于梳理教学内容和提升教学的教育性，最终将促进学生的发展。教师进行基于深度学习的教学改进，要把握关键内容，营造民主、平等、合作的氛围，了解学生的学习，追求美的教学境界。④

学校改进的实践已经证实教师是促进教学专业化和学校改进的关键因素，是成功实现学校改进的重要领导者。杨颖秀等人提出在学校改进中，

---

① 卢乃桂，张佳伟. 院校协作下学校改进原因与功能探析 [J]. 中国教育学刊，2009（1）：34–37.

② 卢乃桂. 学校的改进：协作模式的"移植"与本土化 [R]. 香港："学校改进与伙伴协作"两岸二地研讨会，2006.

③ 陈木金. 以学定教的课堂评价与教学改进 [J]. 教育测量与评价（理论版），2015（2）：4–12.

④ 郭华. 基于深度学习的教学改进 [J]. 教育科学论坛，2015（4）：13–23.

校长的领导力起着关键作用,这些领导力使校长能倾听自己的声音,给团队成员以动力,促进团队成员精诚合作,为团队成员提供发展的机会,只有教师积极参与,才能促使课程和教学的有效改进,因此可以通过教师专业发展促进学校的优质改进。[1]除此之外,孙素英认为学生在学校改进中的作用不可小觑,提出给学生赋权,体现学生在学校改进中的作用,让学生以不同的水平层次和形式参与学校改进。[2]还有部分研究人员看到了学校空间在教学改进中的作用。如张熙通过对"校园美化热""未来教室热""综合课程热"的分析,认为改善空间环境是学校改进的主题,指出传统的学校空间结构正在解体,初步界定学校空间的基本构成为校园空间、教室空间和思维空间。[3]

胡定荣认为,薄弱学校产生的原因是外部的投入和学校内部的过程共同作用的结果,从这个角度来说,学校改进则需要学校外部条件和教育教学过程的整体改进方可,政府、学校、老师、家长以及社区等不同主体在改进过程中发挥的作用不同,在学校的整体改进过程中,应分清主次,有重点、有核心,协调各方的力量一起为学校改进和发展努力。[4]

3.怎么改——学校改进的切入点和路径选择

一是从学校活动要素角度。从学校活动的要素来看学校改进的切入点,目前存在着三种不同做法:一是整体入手,带动全局。它强调对学校进行全面的改革,通过制定整体的发展规划和策略,推动学校的整体提升。这通常涉及到学校的教育理念、课程设置、教学方法、师资队伍、

---

[1] 杨颖秀,胡淑波,陈卫红.校长的领导力在学校改进中的生命意义[J].东北师大学报(哲学社会科学版),2012(3):142-146.

[2] 孙素英.学校改进中的学生赋权——基于仪式典礼策划的个案分析[J].中国教育学刊,2013(2):32-34.

[3] 张熙.着力改造学校空间——兼谈学校改进的方向与转化[J].教育科学研究,2015(10):5-14.

[4] 胡定荣.薄弱学校的教学改进——大学与中学的合作研究[M].北京:教育科学出版社,2013:18.

管理制度等多个方面的改进。比如一所一所乡村小学，由于地理位置偏远，教育资源相对匮乏，教学质量一直不高。为了改变这一状况，学校决定从整体入手，制定了一系列改进措施。包括加强师资队伍建设，引进优秀教师；完善教学设施，提高教学条件；优化课程设置，注重学生的全面发展。通过这些措施的实施，学校的教学质量得到了显著提升，学生的综合素质也得到了全面提高。二是整体入手，带动部分。它是从整体出发，但更加注重通过整体的改进来带动部分环节的提升。即先对学校进行整体的分析和规划，然后针对关键问题进行重点改进，从而带动其他环节的改进。例如一所乡镇初中，虽然整体教学质量不错，但在某些学科上表现不佳。为了提升这些学科的教学质量，学校决定从整体入手，加强学科建设和师资队伍建设。学校引进了优秀的学科教师，加强了学科教研和教学活动，同时优化了学科课程设置。通过这些措施，不仅提升了这些学科的教学质量，还带动了其他学科的改进和发展。三是部分入手，以点带面。它是从学校的某个部分或环节入手，通过对其进行重点改进，进而带动整个学校的改进。这种做法通常适用于学校中存在明显短板或问题的情况。

二是从学校活动主体角度。有学者认为不同的学校活动主体有不同的改进路径，具体如表1-2所示。外部主导的学校改进一般会选择从校长、中层干部和教师培训入手；学校主导的改进更多地会从教与学的改进入手。[1]

表1-2 学校作为活动主体的改进路径

主体	路径选择
校长	提升校长领导力
中层干部	提升学校管理的执行力
教师	促进教师专业发展
学生	提高学生参与
家校合作与社区	提高家校参与度，促进社区资源的充分利用

---

[1] 胡定荣. 薄弱学校的教学改进——大学与中学的合作研究［M］. 北京：教育科学出版社，2013：18.

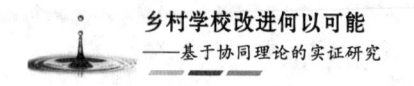

学校在改进的过程中，究竟应如何该选择切入点以及采取何种路径，应从学校所具备的条件来具体考虑，立足于自身的发展情况，选择最为合适的路径和切入点。

从上述我国学校改进情况来看，我国的学校改进主要是在教育均衡和教育公平的理念背景下逐步发展起来的；改进动力以外部力量居多，学校自主改进偏少，很多大规模的改进主要是在政府和学术界这两种力量的推动下发展起来的；对于改进的内容方面，不仅关乎学校硬件的改造，也注重学校"软件"的提升，其中一个重要的切入点就是以对学校领导和教师培训作为重要内容；改进的学校类型以薄弱学校为主；最后是对改进效果的评估不多，缺乏基于证据的科学的评鉴。

五、研究存在的问题及可创新之处

（1）理论建构的缺失。当前关于学校改进的研究主要集中于具体学校，例如洋思中学、杜郎口中学和东庐中学等薄弱学校的改进经验。然而，这些研究通常着眼于学校如何自主进行改进，而缺乏明确的理论支撑和建构。这导致研究结果难以系统化和泛化，影响了学校改进策略的普遍适用性和科学性。

（2）政府支持与资源协同配置。虽然已有研究关注政府对学校的直接支持对学校改进所产生的积极影响，但较少涉及在政府支持过程中如何实现资源的协同配置以达到最优效果。同时，学校与政府之间的协同作用，以及学校如何充分利用政府资源进行自我改进的机制也不够明确。这一领域的研究不足限制了学校改进策略的有效性和深度。

（3）多元合作的研究不足。尽管已有研究覆盖学校自主改进、政府扶持和院校合作等方面，对于社会公益组织、社区力量等其他形式的协同合作却鲜有关注。多元治理体系中的多样性主体，如市场、企业、民间机构等的参与度低，国内研究多停留在理论层面的呼吁和建议，缺乏基于国内乡村背景的实证研究。此外，如何在特定的乡村环境下增强家长和社区的合作仍是一个待解决的研究议题。

（4）校际合作与地域特性。校际间合作虽已在某些领域取得成果，但在乡村学校的实践中，仍面临教育科研机构不了解乡村具体状况、乡村学校盲目模仿城市模式等问题。乡村学校间的合作，以及这些学校与教科研机构、高等院校的协作，需要更多的实践探索和理论研究，以实现有效的地方适应性和资源共享。

（5）教师与学生在学校改进中的角色。尽管已有研究表明教师和学生在学校改进过程中扮演重要角色，但两者在改进过程中的具体关系、参与比例以及协作方式仍缺乏深入研究。理解和优化这些内部关系对于促进学校改进具有重要意义。

（6）改进效果的评估研究。当前对学校改进效果的评估较少，且缺少基于科学理论的评估标准。这不利于准确衡量改进策略的有效性，也阻碍了教育改进实践的持续优化和发展。

第三节 协同理论应用于乡村学校改进研究的可能性

一、协同理论应用于乡村学校改进研究的可行性

基于协同理论的基本概念可知，其研究对象包括动物乃至人类所构成的各种系统，协同是诸系统发展的必然要求，协同学理论强调的是包含子系统的整体结构的有序性，这取决于各子系统之间的相互协同作用。作为人类社会的整体，只要各组织、结构以及团队之间的协同问题处理好，各

领域即可共同推进社会的发展。乡村学校改进同样涉及有人参与的组织、机构或团队之间的协同问题，涉及教学各要素之间的协同问题，并且是影响教学改进效率与效果的重要因素，故适用于应用协同理论进行研究。张贤明、田玉麒在《论协同治理的内涵、价值及发展趋向》中总结出协同具有以下几个特征：第一，协同具有目标一致的特征；第二，协同具有资源共享的特征；第三，协同具有互利互惠的特征；第四，协同具有责任共担的特征；第五，协同具有深度交互的特征。[①]而这几个特征正适用于乡村改进。

　　协同创新已成为乡村学校发展的新趋势。乡村学校的发展是一个错综复杂的系统工程，涉及多个层面和维度，包括政治、经济、文化以及国家与个人的需求。这不是一个可以迅速解决的问题，而是需要长期的努力和多方的合作。因此，我们必须集结各方力量，共同构建一个发展共同体，这是推动乡村学校改进的必经之路。

　　乡村学校作为社会组织的一部分，其改进与发展是全社会的共同责任。地域差异、资源分配以及校际合作都是这个复杂系统中不可或缺的部分，它们之间相互关联、相互影响。因此，我们需要转变传统观念，不再将乡村学校视为仅为政府办学的机构。相反，我们应该通过聚集和融合各方力量，共同为乡村学校的发展出谋划策，推动其快速发展。

　　尽管世界各国在乡村学校改进方面已经取得了显著的成果和丰富的经验，但这些成果往往侧重于某一方面的社会力量参与，而忽视了集结整个社会力量的重要性。以英国为例，他们重视家长和社区在推动乡村学校进步中的作用；而在美国，小规模学校运动则强调了政府、家长和社区在乡村教育改革中的关键作用。印度的某些教育计划则反映出政府对公益组织在乡村教育改进中的重要性的认识。

---

① 张贤明，田玉麒. 论协同治理的内涵、价值及发展趋向［J］. 湖北社会科学，2016（1）：30-37.

当前，我国乡村学校的改进工作已进入关键阶段，面临着诸多挑战。因此，倡导构建一个协同创新的乡村学校发展模式显得尤为重要。从其他国家的历史经验和我国乡村学校的实际发展情况来看，乡村学校的进步需要全社会的共同努力。只有将高校、政府、学校、社区、家长、非政府组织以及市场等多方主体有机地结合在一起，才能真正推动乡村学校的全面和持续发展。这种协同创新的模式不仅是一种新的尝试，更是一种革命性的进步。

二、协同理论应用于乡村学校改进研究的必要性

协同学理论可为乡村学校改进提供理论基础和方法论指导。[1]协同学理论强调系统中各子系统的联合作用以及不同学科间的合作，以发现自组织系统的一般原理。在乡村学校改进的语境下，协同学理论的应用意味着通过整合校内外各种资源，促进教育系统内部各要素之间的协同合作，从而实现乡村学校整体教育质量的提升。这种协同合作不仅体现在学校管理层面的优化，还包括教学方法的创新、课程资源的丰富、师资力量的提升等多个方面。

（一）提供理论基础

一个社会系统或组织，只有内部的组成成分不同、功能各异，才能既有分工又有协作地共同实现一个整体功能。而且组分越多样，各自的功能就越有特色，有序结构的水平就越高，越生动活泼、丰富多彩和充满生机。反之，组分越是单调，组分的功能越是相近，系统的整体功能就会越

---

[1] 罗生全，赵正. 协同论在教育科学研究中的应用及其方法论意义［J］. 绵阳师范学院学报，2004（1）：44–46+77.

低，越容易陷入无序。①乡村学校改进需要多组分的参与，需要摒弃城乡非此即彼的二元思维，而应该是一种城乡互补融合发展的协同价值观，而对于如何协同各组分使得成效最大化，正是协同理论研究的重要问题。②借助协同理论为乡村学校改进的研究搭建理论框架，提高研究及实践的科学性。

（二）提供方法论指导

1. 要素分配优化

根据协同学理论，建立有序结构的序参量是由主导参量决定的，但原来处于次要地位的某个微观参量也可能由于外部控制参量的作用而不断放大，上升为新的主导参量，从而导致整个有序结构的改变，而且这种改变的趋向和结果带有很大的随机性。③应用协同学理论可以研究要素分配优化达到整体协同效应的策略。④

2. 机制设计

宏观上，协同理论可应用于内力外力交互研究。按照耗散结构理论和协同学的观点，维持有序状态要靠不停地同外界进行物质的、能量的和信息的交换。有序结构受"序参量"的支配，序参量的形成既受外部控制参量的制约，又依靠本身自组织的能力。任何社会系统的存在和发展，一方面要靠同外界的交流以取得负熵，另一方面要靠自组织能力以增强正反

---

① 杨涛. 耗散结构与协同学理论视野下的高校学科建设［J］. 高教探索，2007（6）：68-70.

② 袁利平. 乡村学校发展促乡村振兴［N］. 中国社会科学报，2018-11-22（06）.

③ 罗生全，赵正. 协同论在教育科学研究中的应用及其方法论意义［J］. 绵阳师范学院学报，2004（1）：44-46+77.

④ 刘东霞. 协同学理论视野下课堂管理策略新探［J］. 新乡教育学院学报，2006，19（1）：41-42.

馈。两方面的输入和输出都要适度，不能过大或过小，以避免破坏性振荡。[1]为此，乡村学校建设不是一个封闭的系统，它需要不断地与外界进行物质的、能量的和信息的交换，以保证输入、输出过程的延续。因此关起门来是搞不好学校建设的。在进行乡村学校建设时，一定要有一种全局的观念，要将单个学校的建设始终置于社会这个大系统之中来考虑，充分利用外界环境中的有利因素来增强乡村学校对各种外部"控制参量"的适应性。

微观上，协同理论可应用于人才队伍建设的研究。根据协同学理论，在系统的诸多参量中，起决定作用的是控制参量。在由人所构建起来的社会系统中，人是最主要的一种控制参量。尽管仪器设备、经费等物质条件十分重要，但学校建设最终要靠人才，必须发挥人的主导作用。[2]

（三）提供行动指南

1. 学校与外部关系协同

（1）政府负责。刘丽群认为，乡村学校在硬件条件改善和教育经费投入方面高度依赖外部支持与政策保障[3]。对于那些地处偏远且基础较为薄弱的乡村学校来说，经费支持的充足性直接关系到学校的生存与发展状况。为了确保乡村学校建设的经费投入，学校方面可以积极参与政府推出的各项教育项目，努力争取政府的支持和资源，以推动学校的改进与发展。例如，《广东省推动基础教育高质量发展行动方案》中明确要求省市共同制定帮扶工作计划，强化资金保障措施，并统筹使用人力资源等。此

---

[1] 杨涛. 耗散结构与协同学理论视野下的高校学科建设[J]. 高教探索，2007（6）：68-70.

[2] 同上.

[3] 刘丽群. 我国乡村学校建设的方向性迷失与战略性抉择[J]. 湖南师范大学教育科学学报，2019，18（5）：61-65.

外，乡村学校也应主动向地方政府反馈自身的需求和面临的问题，积极寻求政策和资金的支持，以便更好地满足教育教学的需求，促进学校的长期稳定发展。

地方政府行政化办学思维很大程度上是造成"撤点并校并发症"的病因，要想解决这个问题，地方政府应该实现由行政管理到行政服务优化的转变，发挥服务主导作用。[①]为把教育帮扶、学校改进做得更加有效，在撤点并校过程中，应当广泛听取并充分尊重民众的意见，确保决策的民主性和科学性。同时，需要合理配置撤点并校的比例，既要考虑教育资源的优化整合，也要确保中低年级学生能够就近入学，减轻家庭负担和学生通勤压力。对于被撤点的校舍，可以积极改造为幼儿园，以优化乡村地区的幼儿教育条件，提升乡村儿童的教育起点。此外，应积极吸收家长参与学校的教育管理、决策、监督及评价工作，形成家校共育的良好氛围，有效遏制撤点并校过程中的盲目性和随意性，确保每一项决策都符合学生和家长的利益。政府应通过政策扶持、技术支持和资金投入，大力发展多元化农业和乡镇企业，为农民提供回乡创业或就近就业的机会，从而稳定乡村人口，为农村儿童享受亲子教育提供良好的家庭和社会环境。对于留守儿童这一特殊群体，政府应发挥引导作用，鼓励并支持民间机构和资本创建专业的托管服务场所。这些场所可以利用社会的优质资源，为留守儿童提供学习辅导、心理关怀、安全保护等全方位的服务，确保他们在缺乏父母直接监护的情况下也能健康成长。

（2）区域协同。长期以来，区域教育行政部门的工作职责主要停留在监督管理、上传下达、质量评价等事务性工作上，缺失立足学校衡量决策的立场。当下，应充分挖掘和发挥区域教育行政的价值优势，以推进乡村学校课程建设的良好发展。蔡其全在《区域协同推进乡村学校课程建设》中指出，区域协同具有科学导向，有效引领；通计熟筹，资源共享；

[①] 余婧.乡村学校转型与复兴的路径选择[J].教学与管理，2019（8）：4-6.

合理规范，全力扶助三点优势和价值。并聚焦于区域协同推进乡村学校课程建设，提出创设环境，转变课程观念；凝聚课程建设共同体；赋予学校课程自主权三项重要举措。①

（3）多方合作。它包括校际间以及乡村学校与社区之间的协作，这是推动乡村学校快速发展的重要动力。

①校际合作。校际合作形式多种多样，它可以是两所学校，也可以是两个以上的学校，合作内容既可以是全面的，也可以是就某一领域或具体的项目。例如，英国的乡村学校，有些通过采取"集群式"合作模式，既保留了各自的管理权，又实现了资源共享。这种方式促进了校际间的经验交流，帮助学校借鉴他校优势并反思自身不足。通过这样的合作，各个学校可以实现资源共享，优势互补，从而促进教育质量的提升和学校的发展。又如，甘肃省兰州市榆中县小康营学区多次开展校际教研活动，如学区优质课评选、同课异构、新教育开放日等。一方面较好地推进了课堂教学改革的进程；另一方面为年轻教师搭建了学习交流的平台；同时，为骨干教师展示自我风采提供了一个大舞台。学区还与县属小学结对子，成为一体化办学的兄弟校。抓住这个机会，邀请县属小学及市属小学的领导、骨干教师先后多次开展送培、送教活动，从理论层面影响八位校长，引导他们与时俱进，更新办学理念，从而尝试挖掘本校资源，打造学校品牌，提升学校品质。再如，李家庄学校、萃英学校积极开展校园足球活动，积极创建快乐校园、文明校园等；教科研方面，教师课题申报也呈现出勃勃生机，三年前的市县级个人课题立项屈指可数，而今呈直线上升，三年前的论文发表几乎为零，现在，人人都有了动笔的欲望和发表的热情。如今的校园，少了些浮躁与颓废，取而代之的是奋发与向上、乐观与积极。②

---

① 蔡其全. 区域协同推进乡村学校课程建设［J］. 现代教育，2017（9）：13-16.

② 金发泰. 乡村文化振兴背景下的农村学校内涵发展的区域化探索［J］. 新课程，2021（5）：240.

此外，通过多方合作可以进一步强化区域内学校之间的联动效应，从而推动小规模学校教育资源的有效"空间流动"，此举有助于打破同质性发展困境，并促进教育质量的整体提升。例如，乡村小规模学校集群发展构想和"农村微型学校发展联盟"便是通过邻近学校的组合，构建了一个涵盖经费、设施、师资、管理以及课程教学等全方位的资源共享体系，旨在实现成本节约与教育质量提升的双重目标。同时，"联校走教"与"联片教研"等模式的探索也颇具成效。其中，"联校走教"是指在农村学区内统一实施"走教"方式，通过加大教师交流轮岗的力度，促使优秀教师资源，特别是音乐、体育、美术等紧缺薄弱学科的教师，在学区内各学校和教学点之间实现合理流动；而"联片教研"则由中心学校负责统筹，将辖区内的小规模学校根据地理位置的相近性进行合理分片，进而建立联片教研共同体，并完善相关的工作制度，以此推动教育教学的共同进步。[①]

②与社区的合作。学校与社区的紧密合作对于学校发展至关重要，尤其是在我国乡村地区，校际合作已广泛应用并取得良效。然而，乡村学校与社区间的联系仍显模糊。在城市，家长委员会、家长学校、家长会是家长与学校的主要联系方式，但乡村地区这些机构不健全，加之家长因自身知识和能力限制，往往无法深入参与孩子的学校生活。同时，村委会或社区与学校之间的互动也较少，导致相互之间存在一定隔阂。

乡村学校在物质上虽与村委会或社区相连，但在精神和情感层面的交流不足，这种情况下的联系仅是表面的，隐藏了文化和情感的断裂。为改善这一状况，加强乡村学校与社区间的合作，促进双方的交流与理解，共同推动乡村教育发展显得尤为重要。具体措施包括：乡村学校与社区企业合作开展职业技能培训，帮助家长提升就业竞争力；与社区文化中心合作，丰富学生的文化体验，拓宽视野，提高综合素质。此外，加强学校与

---

① 金志峰，庞丽娟，杨小敏. 乡村振兴战略背景下城乡义务教育学校布局——现实问题与路径思考［J］. 北京师范大学学报（社会科学版），2019（5）：5-12.

家长的沟通，定期举办家长会，邀请家长参与学校活动，共同讨论教育问题，有助于缩小乡村学校、社区、教师和家长间的距离，从而促进乡村教育的全面发展。

牛震乾在《论乡村小规模学校的内生发展及路径选择》中认为，应加强学校—社区协同互动。为强化教师作为"当地人"的认同感和参与度，"学校与社区的关系应通过既定的活动方式来争取公众对教育的支持，促使学生获得并保持最理想的学习结果。"[①]这是由于农村社区是平面居住、熟人社会的缘故，学生个体与其他个体互动更方便，学校与家庭、社区联系更容易。牛震乾指出，当村民成为乡村教育的"局内人"，实现乡村学校和乡土社会双向互动，乡村学校发展才会呈现出应有的活力。[②]乡村学校应以教育为纽带，整合社区资源，协同社区各类组织和村民，助力学校发展。如聘请乡村艺人、种田能手作为兼职教师开展民间艺术教育、生产劳动教育等，再比如开展在教师辅助下的家长或社区居民授课，增进社区与家长的互动。有条件的学校还可以开展面向社区成人的继续教育、职业培训、科普讲座等，如山西省一些市县探索出的"村校合一"、社区学校，甘肃省榆中县探索的农村社区学习中心等模式，不仅为农民提供了终身学习的机会，同时也促进了教育与经济的同步发展。[③][④]

学校可以利用手机 QQ、微信、微博以级部或班级为单位建立家长培训交流平台。在每周适宜的时段内，让家长在工作之余接受家庭教育培

---

① ALBERT E H. In search of an answer: what is school public relations? [J]. Journal of Educational Public Relations, 1998 (12): 23-31.

② 牛震乾. 论乡村小规模学校的内生发展及路径选择 [J]. 现代中小学教育, 2021, 37 (2): 72-75.

③ 21世纪教育研究院. 农村教育向何处去：对农村撤点并校政策的评价与反思 [M]. 北京：北京理工大学出版社, 2013: 61.

④ 牛震乾. 论乡村小规模学校的内生发展及路径选择 [J]. 现代中小学教育, 2021, 37 (2): 72-75.

训，了解学生的学习状况，并与孩子进行沟通交流，以增进亲情。也可通过"手牵手、心连心"平台让父母陪伴身边的孩子和留守儿童结对子，从而间接获得成长不可或缺的亲情和温暖。还可以让乡村的孩子和城市的孩子结成"手拉手"伙伴，从交往中体验人与人之间的尊重、平等、团结、友爱、信任、理解等心理情感。①

（4）多元治理。乡村地区由于先天性不足和后天的局限性，在教育资源和发展上普遍落后于城市，面临人才、资源匮乏和发展缓慢的现实挑战。为应对这一挑战，需要从政府主导的单一管理模式转向多元化治理。尽管当前我国对乡村学校的投入和关注已经增加，实施了"两基"目标、对口支援、"三农"工作、"乡村振兴"策略以及广东省高质量发展工程"双百行动"等众多政策，但乡村学校的整体状况仍需进一步改善。这些学校面临的基本资源问题尚未得到根本解决，政府作为唯一的资源提供者，其能力有限。因此，亟需动员社会各界力量，为乡村学校提供必要的软硬件资源支持，确保其在资源方面无忧，促进乡村教育的全面发展。

《中共中央 国务院发布关于实施乡村振兴战略的意见》明确提出，"建立健全党委领导、政府负责、社会协同、公众参与、法治保障的现代乡村社会治理体制"，为乡村学校参与乡村治理提供了制度保障。乡村学校应主动融入乡村治理，打破其相对孤立的状态，与乡村社区建立更紧密的联系。这一过程首先需要加强参与治理的自觉性。作为乡村的一部分，乡村学校的发展与乡村社区的兴衰密切相关。无论是校长还是教师，无论是在此出生、成长还是工作，都应深刻理解乡村、融入乡村、参与乡村的治理与改革，这既是对乡村责任的担当，也是他们的本职工作。接着，乡村学校应通过多种途径积极参与到乡村治理和乡村振兴行动中。一方面，乡村教师以文化人的身份加入到乡村文化建设中，以"新乡贤"的身份直接加入乡村基层行政组织，利用自身专业优势在治理中发挥重要作用。另

---

① 余婧. 乡村学校转型与复兴的路径选择［J］. 教学与管理，2019（8）：4-6.

一方面，乡村学校的师生也应参与乡村社会治理和经济建设中，积极提出乡村振兴方面的合理化意见和建议。总之，乡村学校需要在各种场合主动参与乡村治理，促进与乡村社区的深度融合，共同推动乡村高质量发展。

有条件的乡村学校可以开放学校的图书馆、运动场馆和艺术馆等，让本地村民共享学校文体资源，增加学校与村民接触了解的机会；乡村学校教职工也可以在周末与节假日主动走出校门，开展法治宣传、垃圾分类、民间调解、科技咨询等各种活动，宣传党和国家的大政方针，化解村民之间的矛盾纠纷，倡导良好的生活习惯和卫生习惯，建设和谐美丽乡村。[①]

牛震乾在《论乡村小规模学校的内生发展及路径选择》中强调多元主体参与、协商合作、赋权增能三点，即"要打破小规模学校的相对独立性和自主性受限、内生发展动力不足的现状，构建扁平化、网格化、共治性的小规模学校基层组织，在学校管理机制上首先需要多元主体共同参与的机制建构。在小规模学校的校内管理上，要从完善各项制度体系入手，制定学校管理者、村民代表、家长代表、师生为主体的民主管理和决策体系，将学校从科层组织向'共同体'组织转变，管理方式由控制向对话转变，建立起多方参与的互动网络，提高制度的认同感和执行力"[②]。同时"政府部门在制定政策措施时，应广泛征求农村社区、村民和小规模学校的意见和建议，充分尊重他们的观点和利益诉求"[③]。他还指出，新中国建立初期，在政策鼓励和支持下，农村的社、队自主创办村小，即便物质条件很差，师资数量匮乏，村小却能迅速发展起来，根本原因在于作为村庄的主人，村民自己办自己的小学，学校与乡村社会的联结度高，权责归属明确。为了改善小规模学校独立身份被掩盖的现状，亟需将其从中

---

① 李春玲. 基于乡村振兴战略的乡村学校发展：困境与突围[J]. 吉首大学学报（社会科学版）. 2020，41（6）：35-37.

② 牛震乾. 论乡村小规模学校的内生发展及路径选择[J]. 现代中小学教育，2021，37（2）：72-75.

③ 同上。

心校的依附关系中解放出来，这必然要求打破由地方教育行政部门和中心校主导的管理体制。这标志着要扭转小规模学校以往边缘化的地位，将其从科层化的被动从属关系中转变出来，建立起互助共进、协同发展的"合伙人"式关系。在政策和制度层面，应当赋予小规模学校正式的法人地位，确保学校拥有实质性的人事权、经费使用权以及内部事务管理权，使其能够独当一面，自主进行规划决策，并自我组织实施，真正成为"能动者"。

在全球范围内，美国从效率的角度，以公共选择理论重新审视了传统的公立教育体系，发现政府对教育的全面操控在一定程度上制约了学校的自由度和创新性。正因如此，从20世纪80年代开始，美国为有效推动乡村学校的发展，实施了基于市场机制的一系列教育改革措施。英国通过"教育行动区"计划，并采用公开竞争的方式来决定乡村学校的管理和运营权。日本则采取了一种不同的策略，选拔了一批来自企业界的专才，让这些具备专业知识和市场经验的人才来领导乡村学校。法国则通过实施"学业成功合同"，确保了乡村学校的工作人员在享有相应权力的同时，也承担着明确的责任，并在这种权责对等的机制下开展工作。德国则注重乡村学校的特色发展模式，该模式以特殊"精准"对策来促进乡村学校将地域特色融入其发展中。这些举措不仅有效地减轻了政府对乡村学校发展的直接干预，更重要的是，成功引入了先进的管理理念和激励机制等隐性资源，为乡村学校的高质量发展注入了新的生命力和活力。因此，基于乡村学校需要丰富资源的现实需求，资金来源、管理方式与管理主体或许可以更加多样化。[1]

（5）城乡协同。萧放、王宇琛指出，近年来实施的撤点并校改革，在通过集约化教学提高教育效率的同时，也凸显了乡村学校布局的结构性矛盾，乡村学校的集中增加了上学成本、乡村学校课程内容的城市化加剧

---

[1] 袁利平，吕玉坤. 乡村学校发展促乡村振兴［N］. 贵州民族报，2018-12-11（A3）.

了文化主体的迷失、乡村学校的减少消解了其社会价值，客观上削弱了农村社区的教育网络，加剧了农村人才的流失。随着国家财富的积累，他们建议按照城乡协同发展、实现农村乡风文明的新要求，重新审视乡村学校在治理村庄"空心化"、培育现代新农人方面的功能，通过创新办学模式，合理恢复部分乡村学校、创新教学内容，实现通识教育与乡土教育的有效结合、扩展村校的公共服务属性，加强其服务村落的辐射力三个举措使乡村学校成为基层社区文化培育与人心聚合的中心。①

学校特色发展是提升教育质量、促进均衡发展的重要途径。在确保学校达到基本要求并尊重共性的前提下，应鼓励个性化和多元化，以实现共性与个性、一元与多元的和谐统一。乡村教育不同于城市教育，具有自身独特的异质性，体现在教育环境、内容、文化及教学方式上。我们应尊重这种差异，允许城乡学校在不同领域凝练特色。乡土文化作为乡村学校的重要资源和依托，其丰富的民间故事、传说、历史等，为乡村学校打造特色提供了宝贵素材。②③④

在政府主导、多元参与的乡村学校改进进程中，政府需进一步简政放权，更加尊重乡村学校的办学规律，从而充分调动学生、教师、家长以及社会专业性组织等多元主体参与乡村学校特色建设的积极性。在确保提升乡村薄弱学校办学"硬实力"的同时，也要注重其"软实力"的同步提升，如办学特色等。此外，政府还应引导乡村学校从模仿城市办学理念和教育模式转

---

① 萧放，王宇琛. 发挥乡村学校的基层治理体系塑造功能［J］. 社会治理，2018（6）：67-70.

② 郝文武. 为乡村教育振兴而大力推进乡村学校特色发展［J］. 教育与教学研究，2021，35（1）：7-14.

③ 郝文武. 在特色发展中彰显农村学校文化和活力［J］. 教育科学，2020，36（3）：34-39.

④ 范涌峰，张辉蓉. 学校特色发展：新时期城乡义务教育一体化的内生路径与发展策略［J］. 教育研究与实验，2019（5）：70-75.

向自主发展，深入挖掘并利用乡土文化资源，使乡村学校的办学特色深深扎根于乡土文化，进而实现各乡村学校独特而美丽的发展愿景。①

2. 学校内部要素协同

（1）以协同理论分析指导乡村学校改进价值观念

刘丽艳在《乡村学校文化建构的生态取向及其达成》一文中指出，正如生命有机体那样，文化是一个能自我生长和调节的完整系统。乡村学校文化由教育范式、教育理想、学校文化精神、组织规范、活动形态和物质支持系统等要素组成，乡村学校文化具有保守性与超越性两种面向，在乡村教育活动中不断动态调整，处于"平衡—失衡—转型—再平衡"的运动中。②其要素间的协同发展与动态平衡可由协同理论加以指导。她指出，"应以生态系统建设推动学校文化发展，以乡土知识补充乡村学校教学内容，以生态思维引领乡村教师专业发展，最终促成一种自觉的文化发展态势"③。协同价值观念、制度设计、教学内容、教师成长，促进乡村学校改进。

（2）以协同理论指导乡村学校教学内容的设计

从泰州市海军小学观察到，当前许多乡村学校的教育内容与土地脱节，成为了城市教育的翻版。对此，他们提出乡村教育应独具风格和内涵，重新定义学生概念，引导学生学习生存、生活和成长。④为实现这一目标，海军小学立足乡村振兴，充分利用地域优势资源，通过组织校内研发团队和购买校外服务，深入研究海军诞生地的文化、科学等方面，以激发学

---

① 王明露. 基于乡土文化的乡村薄弱学校建设［J］. 宁波大学学报（教育科学版），2021，43（1）：29-37.

② 刘丽艳. 乡村学校文化建构的生态取向及其达成［J］. 教学与管理，2020（34）：4-7.

③ 同上。

④ 乡村振兴战略背景下的学校教育发展思考［C］//江苏省教育厅. 2019年江苏省小学教育专题研讨会论文集. 泰州市海军小学，2019：5.

生的爱国情怀和科学素养。同时，他们综合运用各种方式，创造"最美校园"，并针对大型赛事提炼军事课程内容，开展深入的STEM教育活动。他们强调，要引入先进的学习理念，让学生真正融入乡村、融入生活。

刘丽艳也指出，乡村学校应合理设计乡土课程，发掘并转化乡村中的教育资源，让学生感知到乡土文化的优秀因子。她建议组织骨干教师编写融入本地人文资源的乡土教材，引导学生热爱乡土和家乡。在教材编写过程中，应广泛汲取乡土智慧，同时带领学生开展社会实践，确立"乡土性"文化心态，重拾乡村人的认同感。通过这些举措，可以协调教师、学生和乡土文化的关系，进一步促进乡村学校的改进。[①]

（3）以协同理论指导教师发展

乡村教师在乡村学校文化生态系统中占据着举足轻重的核心地位，他们不仅承载着传播先进文化与传承深厚文化传统的双重使命，更是紧密连接乡村社区与学生之间的重要纽带，是整个协同系统中不可或缺的关键要素。在乡村学校持续改进的过程中，乡村教师的作用显得尤为独特且无法被其他主体所替代。我们应着重引导乡村教师深刻认识到自身在推动学校文化转型发展中的重要性和主体责任，积极调整并更新自身的知识结构，以更好地适应现代教育的新要求。这包括构建涵盖普遍性知识、深厚的乡土知识、个性化的教学理念和丰富的实践教学经验等多元化的知识体系。同时，教师们还需以身作则，通过实际行动在乡村学校文化的创新与发展中发挥典范作用。他们应以满腔热情投身于学校文化环境的营造中，不仅引导学生深入了解并热爱学校文化，更鼓励他们积极参与到学校文化的创

---

① 刘丽艳. 乡村学校文化建构的生态取向及其达成［J］. 教学与管理，2020（34）：4—7.

新与变革之中，共同为乡村学校的文化繁荣贡献力量。[①][②][③]

　　刘丽群在《我国乡村学校建设的方向性迷失与战略性抉择》中也指出，"人才是乡村教育现代化的第一资源，教师是教育活动的核心影响因素"[④]。近年来，国家推行的特岗计划、农村硕师计划、三支一扶计划、免费师范生计划等，这些都一定程度上缓解了乡村教师之忧，但非根本、长久之计。一方面，通过推行这些计划真正补充到基层乡村学校的老师少之又少。另一方面，即使通过多种激励举措使部分教师"下得去"，但因为地理性的孤独以及与当地文化无法融入所带来的社会性孤单，导致"教不久"和"留不住"，一旦有机会，这些教师将逃离乡村，走向城镇。她进一步指出教师工资待遇的提升，可以使教师补给产生立竿见影的效果，这不失为一种解决乡村教师"下不去"和"留不住"的短期策略，但从长远来看，加大教师的本土培养，才是确保乡村教师队伍稳定的根本大计。他们生于斯，长于斯，对乡土有着更深的情感，他们愿意回到乡村并长久地扎根乡村、永久地献身乡村。事实上，《乡村教师支持计划（2015—2020年）》所提出的乡村教师"本土化培养"，美国很多州启动的"教师本土培养计划"（"Grow Your Own"，简称GYO），[⑤]都代表着这一制度设计与发展走向。[⑥]

---

　　① 李银凤. 乡村振兴战略下乡村教师队伍建设困境与对策［J］. 科教导刊，2021（09）：64-66.

　　② 顾玉军. 乡村振兴中乡村教师助力乡村文化传承路径探析［J］. 教育理论与实践，2019，39（13）：47-50.

　　③ 刘星. 乡村振兴战略背景下乡村教师的专业成长：根本属性、特殊性及其路径［J］. 教育理论与实践，2018，38（23）：37-39.

　　④ 刘丽群. 我国乡村学校建设的方向性迷失与战略性抉择［J］. 湖南师范大学教育科学学报，2019，18（5）：61-65.

　　⑤ 刘丽群. 乡村教师如何"下得去"和"留得住"：美国经验与中国启示［J］. 教师教育研究，2019（1）：120-127.

　　⑥ 李雪晴.《乡村教师支持计划（2015—2020年）》效果评估研究［D］. 重庆：西南大学，2019.

第四节 研究的价值、问题、目标

一、学术价值

协同理论作为探索不同事物共同特征及其协同机制的综合性学科，其普遍适用性为社会科学领域，特别是教育和管理领域提供了新的分析视角和解决策略。尽管当前已有研究触及协同理论在某些领域的应用，但在乡村学校改进这一具体领域的系统性研究仍显不足。尤其是缺少基于协同理论对学校治理各要素的系统分析，以及对协同理论在教育领域具体应用模式的深入探讨。

因此，本研究旨在通过系统性的理论分析和实证研究，不仅为协同理论在社会领域的应用补充实证案例，同时也尝试提炼和总结其在教育领域，特别是在乡村学校改进中的应用模式，以期进一步推动协同理论的学术发展。

二、实践价值

当前，乡村学校面临文化、师资和资源等多重困境，这些问题相互交织、复杂多变。已有的改进措施多聚焦于单一维度的改变，忽视了乡村学校改进作为一个系统工程的本质，即需要政府、学校、社区、非政府组织和市场等多方力量的共同参与和协作。本研究将运用协同理论的前沿理念和方法，深入探究如何优化配置教育资源、协调各方利益关系、促进城乡教育协同发展等关键问题。通过构建一个高效的多主体协同发展模式，以期能够找到解决乡村学校改进难题的创新性策略，这不仅对改善乡村学校的生存环境和发展条件具有重要意义，也为推进乡村全面振兴和我国基础教育的均衡发展提供了有力的实践支持。

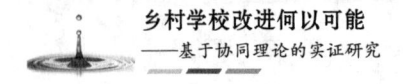

三、研究问题

（1）如何应用协同学理论，促进区域协同、多方合作、多元治理、城乡协同，以推进乡村学校改进；

（2）如何应用协同学理论，更新乡村学校价值观念、指导学校设计发展内容；

（3）如何应用协同学理论，合理配置乡村学校资源，以达到最大效用；

（4）如何针对乡村学校存在的师资难题，应用协同学理论促进教师发展。

四、预期目标

（1）在运用协同理论对乡村学校改进的各要素进行分析的基础上，建构适用于乡村学校的协同系统；

（2）通过对具体学校或区域的分析，提出协同政府力量、学校力量、社会力量等改进学校环境、提升师资力量、提高教学质量、破解文化困境、促进学生发展的最优解决方案；

（3）通过对具体学校或区域进行分析和指导，完成案例实证研究；

（4）通过案例实证研究的反馈结果，完善学校内外部关系协同发展的理论建构。

本研究的最终目标是在完成上述各项任务的基础上，探索并建立起一个多方参与、协同共进的乡村学校改进模式，该模式旨在促进高校、乡村学校、社区、公益组织等多方面的深度融合与共同发展，并为更广泛区域内的乡村学校改进工作提供有力支持和经验借鉴。

第二章　方法探析

第一节　研究方法

一、文献分析法

文献分析法是一种通过利用现有资料进行研究的方法，旨在通过深入分析扩展研究的深度与广度，以便获得新的见解或为后续研究奠定基础。文献分析法包括五个步骤：提出假设或设定主题、设计研究方案、根据关键词收集文献、整理分析文献和撰写文献综述。

1. 提出假设或设定主题

这一环节是基于厘定的理论框架、文献分析和特定需求，对已知文献进行分析、整理或分类，从而构建出研究的初步设想或假设。

2. 设计研究方案

在明确了研究目标之后，需要采用具体、可操作的定义方式，将研究主题或假设转化为具体、可执行、可重复的研究活动。这一过程包括确定研究的范围、方法和预期成果，确保研究能够有效解决特定问题并具有实际意义。

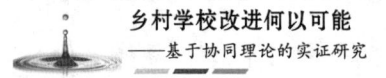

3. 根据关键词收集文献

这一阶段的任务是搜集与研究主题密切相关的文献资料，包括书籍、期刊文章、报告、历史文献等，为深入分析提供充足的信息支持。

4. 整理分析文献

对收集到的文献资料进行系统的整理和分析，评估其价值和相关性，提炼出对研究有帮助的核心信息和观点，为撰写文献综述奠定基础。

5. 撰写文献综述

基于前面的文献分析结果，撰写文献综述，系统地总结现有研究的主要发现、理论观点和研究空白，为研究主题提供全面的背景信息，同时指出新的研究方向或提出未来研究的假设。

6. 应用实例：文本资料分析

在具体应用中，如对研究对象（乡村学校）的历史和发展状况的研究，文献分析法可以通过研读学校的历史文档、自评报告、问卷调查结果等文本资料，深入了解学校的过往和现状。这不仅是一个接收信息的过程，也是一个发现信息的过程。通过对办学历史文本的详细解读，可以追溯学校各个发展阶段的办学理念、发展轨迹以及重大事件的影响。自评报告提供了学校自我反思的视角，包括学校概况、成就、存在的问题及其原因、改进措施等。问卷调查则从当前情况出发，通过设计有结构的问卷，从问题识别和改进措施的可行性两个维度对师生员工进行调查，收集到的数据为研究提供了可靠的基础资料。

通过上述方法，文献分析法在多个领域内都能够有效地应用，为研究者提供了一种系统地理解和解释现象的强大工具。

二、行动研究法

行动研究是指"由实务工作者将实际的工作情境与研究相结合，以改善实务运作为目的，采取批判、自省、质疑的研究精神，改进实务，并取得专业的成长和提升"[①]。本项目之所以采用行动研究法，是因为在2018年5月—2021年4月广东第二师范学院在国家教师教育创新实验区建设中初步运用协同理论推进乡村学校改进工作，本项目是在获取相关实验数据的基础上，再次对协同理论进行梳理和研究结果分析、优化之后开展的实践研究。

在本项目中，乡村学校的改进工作由协同小组成员主导，他们深入了解区域及各学校的具体情况，将改进措施与研究紧密结合。通过总结和反思，研究者和参与者共同推动学校各项工作的持续改进。本质上，研究的目的是促进学校的改进，通过研究过程中探索学校特色发展的相关理论问题，并将研究成果应用于实践，以此促进案例学校的改进，并帮助所有参与者实现成长和进步。项目特别强调理性思考与推动学校特色发展之间的相互转化，其中项目负责人既是协同研究的组织者也是参与者，揭阳市榕城区教育局遴选出来的试点学校既是研究者也是研究对象。通过学校改进的实践反思和探究，协同各方构建了一种基于实践与真实研究并重的模式，体现了行动研究的开放性特征。

本研究将选择"协同行动研究"模式。潘慧玲认为，"'协同行动研究'强调民主参与、彼此了解、共同决定与行动精神，不只是形式上的合作，更强调参与者在民主之上进行平等沟通、开放自我并交互反省思考、共享知识经验的过程"[②]。在基于协同理论的乡村学校改进研究中，高校、地方教育行政部门、中小学名优学校、乡村学校共同作为研究和行动的主体。本项目协同各方通过沟通、调研和研讨等方式实现了深入的相互了解，通过平等的沟通和讨论，逐步明确了乡村学校改进的方向和目标，

[①] 潘慧玲.教育研究的取径：概念与应用［M］.上海.华东师范大学出版社，2005：307.

[②] 同上317.

以及推进基础教育高质量均衡发展的相关事宜。

本研究采用凯米斯（Stephen Kemmis）提出的行动研究循环模式。该模式包括"计划、行动、观察、反省四大历程，当反省后发现计划必须修订改进，便进行第二阶段的修改计划"[①]。（如图2-1所示）

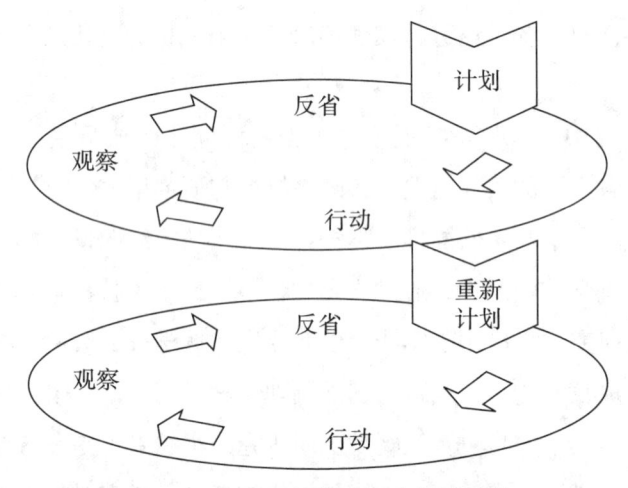

图2-1 凯米斯的行动研究循环模式

本项目通过设定明确的目标，运用行动研究的方法来推动学校的改进与特色发展。在整个研究过程中，我们积极组织研讨会、开展实地调研和座谈会等活动，以深入了解学校特色发展的进展情况和当前状态。这种持续的探索和了解有助于我们识别存在的问题，并基于这些发现进行及时的反思。反思之后，我们对研究计划进行相应的调整与修正，以便在下一阶段的研究中解决新出现的问题。通过这样一个循环往复的研究过程，我们不仅深化了对问题的理解，也促进了学校特色发展工作的持续完善。

行动研究作为一种质性研究方法，其核心在于通过实践中的探索和反思来获得深刻的见解。因此，评估这类研究的质量主要依据其效度和信

---

① 潘慧玲.教育研究的取径：概念与应用[M].上海.华东师范大学出版社，2005：320.

度。效度指的是研究是否真实反映了所要探究的现象或问题，而信度则关注研究结果的一致性和可重复性。通过确保研究的效度和信度，我们能够保证行动研究的质量，从而使研究成果更加可靠且具有价值。

目前，大部分质性研究者都认为"信度这个概念在质的研究中不适用"[1]，"质的研究不强调证实事物，不认为事物能够以完全相同的方式重复发生"，因此，他们在研究报告中也不明确讨论信度问题。[2]但是，研究的"效度"是质的研究必须关注的重点，也是反映研究是否真实有效的重要指标。

陈向明认为，"尽管学术界对质的研究中是否应该使用和如何使用'效度'这一概念有不同意见，但绝大部分质的研究者仍然沿用'效度'来讨论研究结果的真实性问题"[3]。"质的研究真正感兴趣的并非量的研究所谓的'客观现实'的'真实性'本身，而是被研究者所看到的'真实'，他们看待事物的角度和方式以及研究关系对这一'真实'所发挥的作用。"[4]"当我们说某一结果'真实可靠'的时候，是指对这个结果的'表述'是否真实地反映了在某一特定条件下，某一研究人员为了达到某一特定目的而使用某一研究问题以及预期相适应的方法，对某一事物进行研究的活动。"[5]为了提高本研究结果的效度，在研究中笔者采取了以下具体做法。

1. 对研究背景、立场保持清醒认识

本课题的研究由一位具备丰富基础教育管理经验的高校专业研究人员主持，他不仅是研究的设计者和执行者，同时也深度参与到实践活动中。

---

[1] 陈向明. 质的研究方法与社会科学研究[M]. 北京：教育科学出版社，2016：100.

[2] 同上101.

[3] 同上390.

[4] 同上242.

[5] 同上243.

在正式进入研究现场之前，课题组已经对国内外有关乡村学校改进的相关文献进行了深入研究，构建了对乡村学校改进工作的初步认知。然而，这些理论知识可能存在偏差，因其主要源自文献或其他地区的实验结果，与本课题所涉及的具体学校情况可能存在差异。因此，协同研究小组成员必须在研究过程中保持清醒的认识，在实践中反思、调整和完善，以确保对乡村学校改进和高质量发展的理解与认识是基于实际研究和真实情境的深刻解读。

课题主持人负责课题的设计、组织和执行，凭借其20多年的教育管理经验，扮演着研究指导者、监督者和管理者的角色。课题主持人还需在深入参与研究的同时，也能够从研究中抽离，以保持客观和中立的立场。在与项目学校的互动中，主持人需观察和分析学校改进的各种现象，保持开放和多元的视角，及时调整自己的观察角度和角色定位，以确保研究发现的客观性和公正性。

2. 深入田野研究现场

课题研究的现场驻扎为主持人提供了与地方教育部门、优秀校长工作室以及项目学校之间协调和进入现场的便利条件。通过与中小学干部和教师建立良好的合作关系，课题研究得以顺利开展。课题组还建立了定期的学习、交流和研讨机制，确保研究的连续性和深入性。

3. 开展"相关检验"

相关检验法又称"三角检验法"，指的是"将同一结论用不同的方法、在不同的情境和时间里，对样本中不同的人进行检验，目的是通过尽可能多的渠道对目前已经建立的结论进行检验，以求获得结论的最大真实度"[1]。

作为高校专业研究人员，首先要对其他地区的乡村学校改进及乡镇

---

[1] 陈向明. 质的研究方法与社会科学研究[M]. 北京：教育科学出版社，2016：403.

中小学发展策略有深入的理论研究和直观的了解。通过对比其他地区与本项目相关学校的研究成果，发现同类项目研究的特点、所取得的经验及需要注意的问题。其次，在进入现场研究过程中，协同研究小组需通过学校诊断、专题研讨、教育论坛、工作会议、教学视导等一系列活动，全面了解试点学校的工作进展，评估各项活动对学校改进的成效。最后，通过对试点学校提供的前后各种数据对比、分析，客观地评估协同改进结果的效益，以验证本课题研究的结论。

4.积极采纳协同小组其他成员的意见建议

随着研究的推进，协同小组将收到来自地方教育主管部门、各试点学校校长、教师、学生及家长等不同参与者的意见和建议。研究人员需对这些意见和建议进行及时分析、采纳和调整，这有利于对研究决策做出更为准确的理性判断，从而确保研究工作能够更有效地开展。

值得一提的是，在本研究中，协同小组拟用三年（行动的三个循环），对揭阳市榕城区五所试点学校展开行动。第一年的项目包括学校诊断、学科特色建设指导、专项培训、学校改进实践、协同工作反思和学校改进小结；第二年的项目包括过程督导、学科特色建设指导、专项培训、学校改进实践、协同工作反思和学校改进小结；第三年的项目包括结果评估、薄弱学科及学校管理薄弱环节特别指导、专项指导、学校改进实践、协同工作反思和学校改进总结。通过三年的行动，期望得出基于协同理论的乡村学校改进是完全可行的结论。

三、案例研究法

案例研究是一种实证研究方法，它通过对一个或多个特定的事件、项目、政策、个体或团体进行深入、详细的考察和研究，以探究某一现象或问题的具体表现和内在机制。这种方法在教育学研究领域的运用比较广泛。案例研究的核心意图在于展现系列的决策过程,即回答"为什么做出这一决策、决策是如何执行的、决策执行的结果如何"这三个问题,它在不脱离现实生活环境的情况下研究当下现象,本质上属于实证研究。①

本研究属于描述型案例研究,它侧重于描述事例,其任务在于叙事并呈现事物原貌。使用描述型案例研究,并非寻求建立一种新的理论体系,也不企图检验一种理论或假设的真伪,而是着重于以一种娓娓道来的方式阐释案例事件的发生、过程和后果,以及要素之间的合作与竞争、一致与差异、张力与限制等。它类似于新闻报道,所不同的是它多了一层思考的意义。它力图通过"故事"来形成或主张某一种认识、理解和观点,而不仅仅在于提供一种现象学的描述。②运用案例研究解决的主要问题是协同视域下乡村学校改进的协同机制、改进路径和经验总结。鉴于描述型案例研究,既可以进行单一案例研究,也可以进行多案例研究。以当前正在协同视域下的五所乡村学校改进为案例,以高校专家、地方教育行政、名优师资、乡村学校为嵌入性分析单位,对协同要素、改进过程及可行性路径进行系统对比分析。

1. 明确研究问题

科学研究始于提问。案例研究设计首先需要明确研究的核心问题。核心问题应反映案例研究的目的,通常以"如何"或"为何"的形式呈现。在案例研究中,研究人员通过搜集、分析各种数据,从中找到能够证明核心问题的相关证据,并据此得出结论。因此,确定案例研究要解答的问题才是关键。为了明确研究问题,可以从以下几个方面进行思考:研究主题、研究目的、已知信息以及尚未解决的问题。由于五所试点学校的情况截然不同,所以改进的出发点不同,但最终要达到的目的是相同的。在明

---

① 殷. 案例研究:设计与方法[M]. 周海涛,李永贤,李虔,译. 重庆:重庆大学出版社,2012:13,19,21.

② 尹保华. 社会科学研究方法[M]. 徐州:中国矿业大学出版社,2017:363.

确研究问题的过程中，研究者和实践者可以通过查阅相关文献，对试点学校提炼出的问题进行反思和深入探究，以形成更具价值的问题，便于有针对性地汇集协同小组内外的力量为试点学校提供全方位的教育服务。

2. 构建理论框架

理论框架是研究者进行研究的基础线索。研究者的观点可能源于现有的理论或假设。本研究便是基于以往经验，重新审视乡村学校改进问题，并选择运用协同理论来指导项目实施。选择描述性案例研究方法，能够真实、全面地呈现研究过程及研究对象的变化。这样既能明确研究问题和方向，同时也能从研究对象和实施过程中寻找相关证据。因此，本项目研究具有明确的研究取向和目标。

3. 确定分析单位

当需要对提出的问题进行更精确的分析时，需要结合理论框架或研究取向来确定分析单位。确定分析单位的通用原则是，对分析单位（和个案）的初步界定与对所研究的问题类型的界定密切相关。本研究确定的分析案例包括项目支持人所在单位的附属学校以及横向研究课题的实验学校。这些人员和对象不会因政策或其他因素而发生变化。协同小组成员和案例学校将为项目研究提供全方位的支持。因此，我们在揭阳市榕城区选择了五所乡村学校作为整体的研究对象，以期在学校改进和优化的过程中获得本研究所需的结果。

4. 案例分析

通过案例分析法，对作为研究对象的乡村学校进行全面诊断，包括办学理念、管理制度、队伍建设、环境改造等方面的典型性具体事件展开细致和广泛的观察，提出学校改进的整体方案，经督导、指导，总结出乡村学校优质化发展的内在规律。运用经验总结法，将协同各方在开展工作中的精彩表现和乡村学校改进经验提升为教育理论的方法，这是建立在案例分析的基

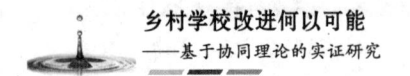

础之上，于自然情境中，对协同工作过程进行深入、科学的分析和检验，提炼出学校改进的客观规律，为同类教育学校的发展提供借鉴和指导。

第二节 研究思路

学校改进的方法包括内部变革与外部环境改变，我们将"协同"理念融入乡村学校改进和师资队伍建设之中，以"目标协同"为引领，在学校诊断、特色建设、干部与教师的专项培训、过程督导和阶段性评估等方面，推进高校、地方政府、基础教育名校、乡村学校之间的深度合作、协同创新、资源共享，与推进人才培养、服务社会目标紧密结合，聚焦乡村教育发展的重大战略需求，全面激发多元主体创新创业教育与实践的活力与动力，以高水平科学研究支撑高质量创新人才培养和高品质乡村学校的建设，为推动基础教育发展提供人才、技术和智力支持。因此，本研究按照"研究主题—文献回顾—研究假设—数据收集与整理—数据分析—回归分析—验证假设—结论—跟踪研究"的思路，实践探讨协同视域下乡村学校改进的路径，以期达到预期的效果。

一、主题阐述

"基于协同理论的学校改进的实证研究"这个主题旨在探讨如何运用协同理论来推动乡村学校的改进工作。本研究将通过实证研究的方式，深入分析乡村学校改进的内外部要素，并基于协同理论构建适用于乡村学校的协同系统。通过协调政府、学校、社区等多方力量，本研究期望能够找到一种有效的乡村学校改进模式，以破解乡村学校面临的文化、师资和资源等困境，推动乡村教育的持续发展与提升。同时，该研究也期望为乡村振兴战略的实施和我国基础教育的发展贡献实践价值，为更广范围内的乡村学校改进提供有益的借鉴和参考。

二、文献回顾

结合本项目研究前所取得的经验,进一步针对"协同理论""学校改进""乡村学校"这三个关键词对相关文献进行梳理,找出协同理论的原理、方法及其在教育教学管理中的成熟经验,学校改进的目的、意义、方法及国内外成熟的经验,乡村学校的溯源及现代划分。通过文献分析,厘清三者之间的关系及内在逻辑,明确本研究的主要问题、协同技术和方法,以及乡村学校改进的可行性路径。

三、研究假设

本研究是立足于广东第二师范学院教师教育创新实验区建设《基于协同理论的名校托管实践研究》课题的研究成果,总结在珠海市平沙实验小学运用协同理论改进乡村学校所取得的经验。"U-G-F-S"协同托管是一种由地方政府主导,教育专家、名校长工作室协同为薄弱学校提供立体式帮扶的一种教育服务模式。协同各方通过信息支持、对薄弱学校的诊断、精准培训和专题研修、跟岗学习、过程督导和结果评估等途径,更新薄弱学校的教育理念,矫正办学行为,激发内生动力,促进内涵发展。协同托管为薄弱学校改进和教育均衡发展提供了一种新的模式。在本研究中,我们运用其基本模式,优化并增加学科视导、过程督导等环节,使乡村学校改进的路径更趋科学性和可行性,效果更为显著。

四、数据收集与整理

在乡村学校改进项目中,收集和整理数据是一个关键步骤。协同小组采用多种方法获取一手资料,包括发放含有诊断指标体系的学校诊断方案、进行现场考察、安排校长专访、组织干部和教师座谈会、随堂听课以及实施问卷调查等。通过这些方法，协同小组能够从多个角度深入了解学校的实际状况。然后，团队将依据所收集的数据和现场观察所得，结合学校的具体情况，综合分析学校的优势和不足，并据此提出具有针对性的改进建议和特色发展指引。

五、回归分析

在协同小组的引导下，参与项目的学校将制定出旨在改进和发展学校特色的方案。经过一段时间的实施后，协同小组将对五所试点学校所做的改进进行跟踪督导，以检验最初设立的研究假设是否得到验证。在此过程中，协同小组将密切关注学校改进的效果，及时发现存在的问题，帮助学校破解遇到的困难，调整改进策略，并为学校指明未来的发展方向。

六、验证假设

协同小组将基于学校诊断结果和学校改进方案的执行情况，采用多种方式对研究假设进行验证。这些方式包括学科视导、问卷调查、文献查询和访谈等。通过这一系列的验证活动，协同小组旨在确保学校改进方案的有效性，并对原有的假设进行修正或确认。

七、结论

在项目的最终阶段，我们将对协同工作的成效以及学校在改进过程中所发生的整体变化进行总结。这一阶段的主要目的是验证协同理论在推动乡村学校改进方面的价值和意义。通过对项目实施过程中各项活动和成果的综合评估，协同小组能够展示协同工作模式在实际应用中的效果，分析其中存在的不足之处，并为未来的乡村学校改进工作提供宝贵的经验和启示。

八、跟踪研究

鉴于教育改进是一个长期的过程，学校的改进和特色创建往往需要跨越多个校长任期，并依靠全体师生的共同努力。因此，协同小组将在项目结束前对学校改进的持续性和完成度进行评估，并对那些具有潜力持续发展的项目进行进一步的研究。这样的跟踪研究有助于确保项目学校能够持续地发展，同时也为其他学校提供了可行的改进模式和策略。

第三章 实践探索

第一节 团队协同

团队协同是以尊重多样性为前提,协同各方成员之间为寻求实现目标和实现目标手段的协同,而构建各方都能接受的共同规则,从而实现各方共赢的目的。因此,在乡村振兴的大背景下,借鉴现代系统科学中的"协同学理论",结合乡村教育的实际,推动乡村学校改进是实现乡村教育均衡发展的必由之路,也是乡村学校特色建设从单元走向多元,使整个系统由无序走向有序,最终达到教育资源最大化、乡村学校高质量发展的持续动态过程。

在地方教育主管部门的主导下,协同师范院校、中小学名校长工作室和乡村学校的力量,建立乡村学校改进的强有力的共同体,通过"理念协同、目标协同、制度协同、过程协同",以解决系统稳定性和目的性的具体机制问题。

一、理念协同

在我国传统哲学中,"道法术器势"构成了一套深邃而全面的理论体系,源远流长,其思想精髓蕴含于《道德经》等古典文献之中,被广泛应用于生活的各个领域作为指导原则。将这一哲学思想应用于乡村学校的改进工作中，不仅能够为教育改革提供独到的视角，还有助于推动乡村教育的持续发展与进步。

（一）"道法术器势"哲学方法论及其内在关系

1."道法术器势"哲学方法论概述

"道"象征着宇宙间的普遍原则和根本法则，是指导万物运行和发展的方向；"法"是对"道"的具体体现，规定了行为的规则和准则；"术"指达成目标所采取的策略和手段；"器"是实践"术"所需的物质基础和工具；"势"则指影响事物发展的外部环境和条件。这五个要素共同构筑了事物发展的完整框架。

2."道法术器势"内在关系

在此框架下，"道"作为核心和灵魂，决定事物的发展方向；"法"为"道"的实践提供了明确的路径和规范；"术"是在"法"的指引下，灵活运用的策略和技巧；"器"提供了实现"术"的物质支撑；而"势"为事物的发展创造了有利的外部环境。这五个要素相互依赖、相互作用，共同促进事物向前发展。

（二）乡村学校改进中的"道法术器势"应用

1."道"的应用

在乡村学校改进中，"道"体现为紧密结合国家教育改革的大局，致力于提升教育质量、促进学生全面发展的办学理念，为乡村学校改进指明了方向和目标。

2."法"的应用

"法"在乡村学校改进中表现为教育管理部门所制定的合理政策和规章制度，如优化师资配置、完善课程体系、改进教学方法等，为乡村学校

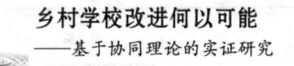

改进提供了行动的指南和规范。

3."术"的应用

"术"体现为乡村学校改进中所采用的灵活多样的教学策略和管理手段，如STEM课程、项目式学习、合作学习等创新教学方法，以及参与式管理、激励性评价等先进管理手段，旨在提升教学和管理效率。

4."器"的应用

"器"指乡村学校改进所需的物质资源和支持，包括校园环境、教学设施、教材教具、信息技术等，为实施创新教学策略和管理手段提供了必要的物质基础。

5."势"的应用

"势"在乡村学校改进中体现为积极的教育氛围和外部支持环境，包括院校协作、家校合作、社区参与、政策支持等，为乡村学校的持续发展提供了强有力的支持和推动。

（三）乡村学校改进的路径：融合"道法术器势"

要实现乡村学校的有效改进，必须促进"道法术器势"五个要素的融合与协同。首先，要明确办学理念（"道"），确保学校改进方向正确；其次，制定合理的政策与规章制度（"法"），为改进提供行动指南；再次，运用灵活多样的教学策略与管理手段（"术"），提高教学效果与管理效率；同时，加强物质资源建设（"器"），为改进提供必要的物质基础；最后，营造良好的教育氛围与外部支持环境（"势"），为学校的持续发展提供动力与支持。

（四）基于协同学理论的乡村学校改进理念

本研究强调"道法术器势"五个要素的融合与协同。各试点学校在协同小组专家的指导下，通过明确办学理念、制定合理政策、运用创新策略、加强物质资源建设与营造积极氛围等举措，共同推动自身朝着更高质量、更公平、更具特色的方向发展。这一理念对于指导乡村学校改进实践具有重要的指导意义与参考价值。

二、目标协同

随着乡村教育振兴战略的深入推进，打造具有地方特色的优质学校，已成为托起乡村孩子未来希望的关键所在。为了实现这一目标，各方力量必须紧密协同，共同研读教育方针政策、新课程方案及课程标准，以确保教育教学的方向正确、内容科学。

同时，对地方文化的深入解读、师生来源的细致分析以及学校现状的全面诊断，都是不可或缺的环节。这些工作旨在挖掘乡村学校深层次的文化底蕴，提炼出既符合地方实际又具有前瞻性的办学理念，五所试点学校的办学理念追求的是个性化，在个性化的办学理念下办出自身的特色。在此基础上，精心规划学校的发展蓝图，研制学校改进三年行动计划，为未来的特色教育之路奠定坚实基础。

理念是行动的先导。通过深入解读和广泛宣讲办学理念，将其精神实质渗透到学校的日常治理之中，使教师和学生能在潜移默化中受到熏陶和教育。此外，通过丰富多彩的课程、实践活动演绎办学理念，让其在师生中得以传承和弘扬，进而推动师生整体素质的全面提升。

最终，在各方共同努力和持续协同下，乡村学校将逐步发展成为孩子们"家门口"的优质特色学校，不仅为乡村孩子们提供高品质的教育资源，更为乡村教育的振兴和发展贡献智慧和力量。

三、制度协同

在确立了共同的教育目标之后，关键在于搭建一个高效的制度协同框架，该框架能够激发并利用各参与主体的资源优势。这需要对大学、地方政府、知名学校以及乡村学校当中的资源进行精准识别和科学整合。

制度协同的核心在于通过明确的组织结构和高效的沟通机制，促进各参与方的积极参与和协作。为充分发挥集体智慧，制度设计应当鼓励和借鉴跨界合作的成功经验，确保各方能够在相互尊重和信任的基础上共同努力，实现协同效应，从而提升整体的教育效率。

同时，为确保协同过程的有效性，须制定合理的参与机制与工作流程。共同体成员不仅参与到目标和实施方案的制定中，还应当在工作分工与协作机制中发挥作用。合理的权责分配是提高协同工作效率的关键，这要求制定明确的角色职责和绩效评估标准，以解决工作中可能出现的随意性和碎片化问题。

在制度协同过程中，还需注重提升各方的归属感、责任感、成就感和使命感。这不仅能够增强个体对于共同目标的承诺，还能够在个人与组织之间建立起积极的反馈循环。通过设立认可和奖励机制，能够有效提升各方的参与热情和协作动力，确保各参与方在共同推进教育活动过程中能够实现自我价值，共同创造更为显著的社会效益。

四、行动协同

乡村学校改进是一种在学习中的行动，也是一种反思和构建式的科学研究。一是理论学习，根据国家和各级教育行政部门出台的政策文件、新课程理念和课程标准的要求，专家和参与学校改进的团队成员系统学习学校改进理论和技术、乡土文化、校史校情等，增加知识储备和行动能量。二是名校考察，选择省内最优质的乡村学校进行学习、考察，梳理名校成功的经验，反思本校发展的历程，借鉴学校改进的做法，在专家的指导下设计本校的改进方案。三是过程指导，根据改进方案，定期开展一次重大问题的研讨、关键技术的培训，确保改进工作如期高效完成。四是成果共育，协同小组各方将学校改进的目标、策略和过程中生成的经验等进行梳理，总结出乡村学校改进的可行性路径，形成协同改进的成果。

第二节 走进现场

一、基本情况

榕城区，地处揭阳市的心脏地带，坐落于"汕潮揭"三大城市的交汇点，潮汕平原的中部，以及榕江流域的核心区域。它被黄岐山、紫峰山、桑浦山环抱，榕江南北河环绕其周，从而形成了得天独厚的地理环境。这里不仅是揭阳市的政治核心，更是文化的聚集地。自1991年12月经国务院批准成立以来，它一直是揭阳市委、市政府的所在地。时光荏苒，至2022年4月，揭阳市委对中心城区的发展体制进行了优化，将原空港经济区的渔湖、溪南、京冈、凤美、砲台、登岗、地都七个镇（街）划归榕城区管辖。如今，榕城区下辖包括中山、新兴、榕华等在内的17个镇（街），涵盖205个村（社区），总面积达到347平方公里，户籍人口约101万，常住人口更是高达约112万。

为确保学生既能就近入学，又能接受高质量的教育，榕城区正致力于全面提升基础教育质量，构建一流的教育管理体系，促进教育的优质均衡发展。为此，榕城区积极寻求外部支持并深化合作。2021年6月，榕城区教育局与广东第二师范学院建立了紧密的合作关系，借助学院在教学研究、人才培养、师资培训和学校改进等方面的显著优势，为学校诊断、专题督导、办学水平评估等领域提供了专业指导。通过这一合作，双方计划在三年内全面提升榕城区基础教育的质量和水平，致力于开创榕城教育高质量发展的新局面，并推动区域内各学校协同发展。

广东第二师范学院根据榕城区各乡村学校的具体情况，量身定制了学科特色创建方案，指导学校有序、高效地打造学科特色，推动学校内涵式发展，助力高品质学校建设。同时，区教育局还启动了基础教育教师培训项目（三年），该项目主要面向全区中小学校长以及参与特色学校建设的学校干部，提供全面的培训和指导。该培训旨在充分发挥高端人才的引领作用，全面提升教师队伍的整体素质。

为了凸显基于协同理论的乡村学校改进的可能性和实效性，榕城区教育局精心挑选了具有代表性的梅云华侨中学、仙桥古溪中学、榕东中学、揭阳师范附属小学以及莲花学校作为乡村学校改进、高品质学校培育的试点单位。在广东第二师范学院专家教授的悉心指导下，这些学校正深入开展学科特色建设，努力提升教育教学的示范性水平，以期带动榕城区整体教育质量的提升，为区域教育的繁荣发展贡献力量。

二、入校诊断

（一）诊断方法

学校诊断不仅是现代学校管理中的一个关键环节，同时也是推动学校持续改进的重要方法。学校诊断类似于中医的把脉诊断，采用望、闻、问、切的方法深入了解学校的运行状态。这一过程不仅有助于发现学校的亮点和特色，而且通过深度互动和文献分析，能够有效识别学校发展中的瓶颈和存在的困惑。此外，学校诊断还涉及梳理学校特色建设的脉络，从而制定出有针对性的改进措施和策略，这些"药方"将有助于学校优化整体工作流程和提升教育质量。特别是对乡村学校而言，这种诊断活动不仅促进了学校的改进，还能显著推动校长的专业成长，为乡村教育注入新的活力。

学校改进协同小组，组织高校专家、名校长工作室主持人、名教师等专业人士共同组建学校诊断小组，运用《义务教育阶段学校评估体系》对学校进行为期1天的办学水平诊断，为学校提供可行性的改进方案。专家组通过地方教育主管部门提前一个月将《义务教育阶段学校评估体系》下发至高品质建设试点学校，试点学校对照体系内容逐一收集和整理材料，并做好自评。

（二）诊断内容

学校诊断采用《义务教育阶段学校评估体系》，该体系包括："党建与廉政""学校文化""五育并举""课程与教学""四有好老师""办学成果""特色与创新"共七个一级指标体系。"党建与廉政"分为"党的建设"和"党风廉政"，"学校文化"分为"办学理念体系""现代学校制度""办学条件"，"五育并举"分为"德育""智育""美育""体育"和"劳动教育"，"课程与教学"分为"课程建设""教学管理""课程教学改革"和"教育教学与信息技术的融合创新"，"四有好老师"分为"师德师风""专业发展"，"办学成果"分为"教学成绩""竞赛成绩""综合荣誉"，"特色与创新"分为"特色创建""改革创新"，共有21个二级指标。二级指标下面总共有61个三级指标。

（三）诊断流程

学校诊断的流程包括：听取校长的自我评估报告、随堂听课2节、参观校园文化建设、查看特色项目、对全校师生发放以学校改进为主题的问卷调查、举行干部和师生座谈会、专家组与学校领导班子共同讨论学校发展的关键问题并研制学校改进的行动计划。

协同小组结合《义务教育阶段学校评估体系》和乡村学校实际，诊断小组一行5人通过查阅资料、师生访谈、随堂听课、特色观摩、学校文化检视等环节，对该校现有发展情况进行了认真细致的考察，形成如下诊断意见。

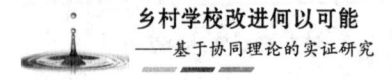

（四）诊断结果

1. 揭阳师范附属小学诊断结果

一、基本情况

揭阳师范附属小学，创办于1956年，地处揭阳市榕城区新兴街道东郊村，毗邻原揭阳师范学校（现揭阳市第二中学），创办伊始至2001年揭阳师范学校改制撤销办学，均为揭阳师范学校的教育教学实践基地，故名为"揭阳师范附属小学"（其中文革时期由于揭阳师范学校停办，学校改名为"东郊小学"，于1979年复名至今）。

学校占地面积5 043平方米，校舍建筑面积6 613平方米，有教学楼三幢、综合楼一幢，配备有音乐室、美术室、图书阅览室等13个专用教室。学校现有教学班32个，学生1 567人，教师114人。这是一所校园环境优美、设备齐全、校风好、质量高、特色鲜明的小学。

近年来，学校先后荣获"揭阳市平安校园""揭阳市朝阳读书示范学校""揭阳市文明校园"等称号，成为教育部首届"中国好老师行动计划"广东省基地校，被榕城区确认为首批"特色学校培育单位"；学校"问墨"文学社荣获广东省第一批优秀文学社称号；学校少先队大队部荣获"广东省红旗大队"称号；2021年7月被广东省文明办确定为创建文明校园先进学校。

二、优点与特色

（一）党建与廉政

1.领导重视，机构健全

深入学习贯彻习近平新时代中国特色社会主义思想和党的十九大精神，习近平总书记出席深圳经济特区建立40周年庆祝大会并视察广东，习近平在会上发表重要讲话、重要指示精神。强化党的领导,按要求开展党的主题教育,落实"三会一课"等组织制度。按照党建"六个规范化"的标准,加强党组织建设与班子建设。

2.主题活动,形式多样

围绕"七一""国庆"等重大节日,开展丰富多样的爱国爱党教育活动。如参加党史主题演讲、"童心向党,礼赞百年"和"学习致敬抗疫英雄,弘扬伟大抗疫精神"等主题党日活动。

3.管理规范,档案完善

按"三个名册、上级文件、党员学习、换届选举、会议记录"五大部分,分类整理资料,档案比较完善。

(二)学校文化

1.凝炼办学思想,丰富学校文化

学校秉承"以人为本,和谐自主"的办学理念,逐步达到"师生幸福快乐、家长满意、社会认同"的"和美"境界。而"开展以诗词为特色的传统文化教育,打造和谐、高雅的育人文化"的办学理念,正是对"和美"文化的传承与弘扬。学校以"厚德、博思、启智、和雅"为办学目标,以诗词为载体,将诗词教育与学科教学、德育课程、活动课程等有机融合,构建多元立体的课程体系,使校园逐步形成和谐的育人氛围,师生逐渐养成高雅的文化情操,最终形成"和雅"文化特色学校。

2.开发特色校本课程,注重发展学生素养

课程是学校教育的灵魂,是学校教育特色的标志。揭阳师范附属小学致力于构建以诗词为主体的课程体系,依据国家课程生成地方课程、校本课程,为学生提供更为丰富的学习资源和探索领域。

(三)"五育"并举

1.抓好养成教育,培养良好习惯

以《中小学生守则》为德育工作指南,抓好学生良好行为习惯的养成教育。重点加强学生的体育运动习惯、学习习惯、文明礼仪以及团结合作精神的培养，使学生在身体素质、学业成绩、交往能力等方面得到长租的发展。

2.创新思维，发展智育

学校紧紧把握特色学校创建的契机，以"诗词启智"为主渠道，奋力开拓智育途径。以诗为题在多学科渗透，关注学生的思维力提升，例如学生多次参加市、区围棋比赛，均获优异成绩。

3.乐于运动，健康第一

学校逐步改善办学条件，改进办法思路，重点培养学生坚持锻炼的良好习惯，因地制宜，想方设法开辟体育场地，开展多种形式的体育活动，如创编"诗词韵律操"，举办师生体育节、"阳光体育冬季长跑"等活动，学生体质健康测试2019年的优良率为29.3%，2020年优良率则达到40.1%，优良率逐年递增。

4.艺体渗透，以美育人

学校重视艺术课程的开展，借助课后服务和第二课堂活动，开设吉他兴趣班、书法班、美术绘画班、舞蹈班等。结合学校特色教育，常态化举办每年一届的学校艺术节、亲子绘画作品展、书画展等。在丰富多彩的活动中，挖掘学生的艺术潜力，培养学生的艺术修养。

5.重视实践，热爱劳动

学校重视对学生劳动和社会实践的教育，通过开展实践活动、劳动技能课，使学生获得积极体验，形成对自身、自然和社会的整体认知。利用寒暑假，布置家庭实践性作业，让学生与父母、亲人一起合作完成，提高了热爱劳动的意识，锻炼了动手操作能力。

（四）课程与教学

1.课程规划规范合理

学校能按照相关文件要求，较为规范地设置了国家、地方、学校三级课程。

2.课程开发初具雏形

学校分年段开发校本课程"诗词启智，和雅育人"，在教材中，纳入潮汕本地童谣和师生创作作品，展现育人显性成果。

3.课程实施小步轻迈

学校对音乐、体育、美术、信息技术、综合实践等课程尽量安排专职或专任教师任教。重视诗词诵读活动的开展，课堂上体现诗词的学习，语文课上"写诗"，音乐课上"唱诗"，美术课上"画诗"，班队活动课上"演诗"，让学生在学习中全面领悟诗词意境。

4.教学管理制度健全

教学管理制度、计划总结等材料比较充分，按相关规定完成。

5.教研氛围较为浓厚

学校重视对骨干教师的培养，常有外派培训。教师利用粤教翔云平台的资源辅助教学。

（五）"四有"好老师

1.重视领导班子建设，领导班子团结协作

学校领导班子团结，领导力和业务能力强，科研水平高。关怀和帮助教师，定期召开支委会、教代会聆听教师的意见和建议，深受老师们的认同和肯定。

2.重视师德师风建设，学校特色渐入人心

教师们敬业爱岗，乐于奉献，心系学生，尽职尽责。学校的教师都非常团结互助，每当学校有大型活动或者迎检工作，他们都全力配合。

3.重视教师业务培训，促进教师专业成长

教师的教育科研水平高，学校现有科研课题8项（省级2项、市级2项、区4项），论文获奖7篇（省级5篇、市级2篇），论文发表4

篇，教师比赛获奖13项（市级4项、区级9项）。

（六）办学成果

1.领导重视，制度保障

校长及全体行政高度关注学生学业成绩，教学质量考核实施"四个捆绑"（与上一年成绩、全级总评成绩、三科总成绩的前50名分布、本班的优秀率和及格率捆绑），奖励教学兑现（绩效、奖品奖励）。

2.师生获奖，硕果累累

在各级各类比赛中，学校师生积极参与，获奖颇丰。

类别	省级	市级	区级
教师	4人次	5人次	21人次
学生	1人次	5人次	44人次

（七）特色与创新

1.开展诗词特色教育

学校秉承"以人为本，和谐自主"的办学理念，开展以诗词为特色的传统文化教育，打造和谐、高雅的育人文化，以"诗词启智"为主渠道，开拓智育途径，确保"传授知识、形成技能、发展智力"根本任务的落实。课堂中体现诗词的学习，语文课上"写诗"，音乐课上"唱诗"，美术课上"画诗"，班队活动课上"演诗"，让学生在学习中全面领悟诗词意境，对学生的思维发展、动手能力、创新能力的培养有积极的促进作用。

2.创新学校育人模式

学校以"厚德、博思、启智、和雅"为办学目标，以诗词为载体，将诗词教育与学科教学、德育课程、活动课程等有机融合，构建多元立体的课程体系，使校园逐步形成和谐的育人氛围，师生逐渐养成高雅的文化情操，最终形成"和雅"文化特色学校。

三、存在问题

（一）党建与廉政

1. 重实施，轻规划

学校重视主题教育的实施，忽视了对党建工作的整体规划，影响了主题教育的深入推进和活动成效。

2. 重业务，轻党建

学校重视教育教学改革，忽视了对党组织生活的改革创新。部分党员缺乏搞好党建工作的责任心和激情。

3. 重成绩，轻培训

学校重视教学成绩的管理，忽视了对教师培训资源的合理分配。年轻教师外出培训机会较少，影响教师队伍的均衡发展。

（二）学校文化

学校文化理念体系的搭建初显雏形，但不够完善、深入与系统。学校需进一步挖掘"诗词启智，和雅育人"的缘起与基因，优化理念体系，使其能有效指导学校的教育行为，并内化为教师们的自觉行动。

（三）"五育"并举

学校高质量发展的载体是课程，但发展的主阵地在课堂，在于国家课程的高质量落实。从听课的反馈来看，教师的课堂教学乃至教育研究都需要进一步提升。

（四）课程与教学

1. 特色课程体系不够完善

学校分年段创编的诗词阅读校本教材内容不够丰富、形式不够多样，教材编排不成体系，缺乏课程目标、实施建议和评价方式。

2. 语文课程理解不够到位

教师对语文课程的理解仅局限于语文课，缺乏对课程的宏观理解和解读，缺乏对语文课程标准的准确把握，语文课堂呈现的教学理念较为滞后。

（五）"四有"好老师

1.教师专业发展有待规划

学校教师队伍建设尚未实现均衡发展。如何围绕学校的办学理念，更有效地开展教师专题培训是需要解决的问题。

2.班主任队伍建设有待加强

班级文化未能充分体现学校办学理念的内涵，班主任队伍的活力有待进一步提升。

3.品牌教师水平有待提升

学校"诗词启智，和雅育人"的文化教育初具特色，但教师整体专业水平仍需进一步提升。

（六）办学成果

1.语文学科的科组建设缺乏顶层设计

科组文化未能与学校文化、学校特色相结合，缺乏系统的课程体系。语文学科育人的功能未能得到充分发挥。

2.语文教师对学生能力培养不够重视

通过随堂观摩语文课例，我们发现语文教师非常重视学生基础知识的学习和积累，却忽视了学生在课堂上的语文实践和语文能力的培养，未对学生的阅读方法、阅读能力进行提升。

（七）特色与创新

（1）特色项目以语文学科为主，其他学科无明显特色。

（2）学科特色与本土文化的联系不够紧密。

四、改进意见

（一）党建与廉政

1.加强理论学习，提高思想认识

完善党建工作规划，确保每次活动做到有计划、有简报、有总结。规范档案分类管理，可分为"基本组织、基本队伍、基本制度、基本活动、基本保障、加分项目"六大部分。

2.加强队伍建设，创建学习型组织

结合主题教育要求，开展形式多样的活动。坚持业务与党务两手抓，以党建促教学，以党带群。发挥党员先锋模范作用，提升教师专业素养，争取培养更多名师。

3.加强党风建设，提高服务意识

坚持民主集中制，提高支部科学、民主决策水平。积极聆听群众心声，特别是对于群众反映强烈的问题，结合工会提案，积极探索整改措施。

（二）学校文化

着力顶层设计，完善学校文化体系。"诗词启智，和雅育人"是很有诗意、内涵丰富的表述，但作为学校的文化品牌，应简洁有力、易于传播，便于师生和家长在口耳相传中获得积极认同感。因此，可以尝试定名为"和雅文化""诗雅教育"等。此外，办学理念调整为"和雅校园，诗意人生"，更朗朗上口，让人顿悟。根据这个文化，建议理论体系可以如此考虑。

办学理念：和雅校园 诗意人生

办学目标：让每一位学生诗意成长、幸福和雅

办学特色：和雅文化或者诗雅教育

校　　训：和谐雅致 崇德尚美

校　　风：知性优雅 务实求真

教　　风：雅范慧导 民主敬业

学　　风：善思雅行 慧学创新

（三）"五育"并举

着力师资培训，完善五育并举评价。

-83-

1.加强学科组的专业建设

教师应更新课程教学理念，加大教材教法的研究力度，提升课堂教学实施品质；强化自主、合作、探究的学习方式，把课堂上更多的时间留给学生进行思维碰撞、自主学习、质疑问难。同时，结合学校的具体情况，根据学校办学特色与培养目标，实施国家课程校本化探索，使国家课程与校本课程协同助力儿童成长。

2.加强德育工作的常态化管理

除了坚持做好学校现有的德育制度与活动外，还应扎实抓好德育常规工作，如学生的卫生习惯、文明礼仪等。建议结合学校的文化品牌，开展有仪式感、有诗词教育内容的特色活动，以儿童的视角，将有意义的事情做得有趣味。加强家校沟通，及时了解学生的家庭表现，以便更全面地实施家校间的知行合一。

3.加强第二课堂和课后服务的品质发展

利用学科渗透教育，引导学生树立正确的人生观、价值观。强化第二课堂和课后服务的品质发展，从课程类别、教学计划、教学内容和方法、成果展示等方面，加强监管和评价，切身提升学生的综合素养和审美能力。

4.加强劳动教育的有效落地

除了利用好准备使用的劳动基地外，还应加强劳动课程的落实，确保每周有一节劳动课，开发多样化的劳动基地，探索有效的劳动评价方式，打造高品质的劳动课堂，从生产劳动、家务劳动、服务性劳动等方面进行深入尝试。

（四）课程与教学

1.宏观理解课程理念，完善特色课程体系

诗词启智课程，既要有教材，又要有课程标准、教学目标，更要有实施建议和教学评价。可以分三步实施。

（1）制定课程标准、实施建议和评价体系。

（2）重组教材，在原有主题内容的基础上，补充相应古诗词文、现代诗歌，丰富课程内容，并根据学生年龄特征安排螺旋上升的内容排列，在高年级，还可以考虑按性别选诗，比如辛弃疾、李清照的作品。

（3）完善活动规划。如每日课前3分钟诵读活动，每周一诗活动，每月一查活动（抽查），每学期一次的个人诗词考级活动，每学年一次的集体诗歌诵读比赛。

2.加强教师队伍建设，致力践行语文课程

课程分为"理想的课程""官方的课程""理解的课程""操作的课程""经验的课程"，而一线教师务必要抓住关键，即"理解的课程"。也就是说，我们对课程的理解程度，将决定我们的教学行为。正确的课程观指导正确的教学行为，能够提质减负，事半功倍。身为一线教师，我们每一次备课、上课都与课程有着密不可分的关系，应充分发挥教师专业工作的作用——拉近。

因此，教师队伍建设可分两步进行：一是开展通识培训，包括教育理念，教学方法，教学策略等；二是开展专项培训，包括教材解读，教学设计，课堂教学等。

（五）"四有"好老师

1.进一步加强教师队伍建设力度

加强"三个规划"：学校"十四五"发展规划、教师队伍建设发展规划、教师个人成长发展规划，定期组织教师外出学习或参加专业培训。充分发挥现有市、区"三名"教师的优势，搭建平台，促进青年教师快速成长，培养更多的优秀教师。

2.进一步加强学校班主任队伍建设

结合学校顶层设计，围绕学校的办学理念，完善班级文化建设，提升班级文化内涵。定期组织班主任培训或外出参观，学习先

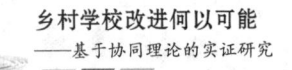

进的班级管理经验以及班级文化建设。

3.进一步提升教师教育教学能力

构建"自我反思、同伴互助、名师引领"三位一体的校本培训机制。通过"请进来，走出去"的方式，邀请专家进课堂、开讲座等，促进教师课堂教学与教育科研水平的有效提升。

（六）办学成果

1.打造科组文化

建议学校以"高雅文化—和雅校园—典雅课程—文雅教师—儒雅学生"为校园文化的设计思路，科组在学校顶层设计的框架下，打造一脉相承的科组文化。语文科可以以"书香浸校，经典润心"为科组文化的内核，总结、归纳、提炼以往优良的做法并加以延续、传承，诊断、分析、反思存在不足的方面并进行改善、改变、创新。

2.规范课堂教学

语文学科相较于数学、英语而言相对薄弱，课堂教学需承载学科育人、学科启智的重任。规范语文课堂教学常规可分两步进行。

（1）抓实教研。以周为单位，不设定固定时间开展主题式教研活动，如学习课标、集体阅读、好书分享、听课评课、教材研读等。

（2）以赛促教，以赛促研。以学期为单位，上学期开展导师展示课活动，下学期开展新秀比赛课活动。提供经费支持，以赛促研，营造良好的教研氛围。

（七）特色与创新

（1）应关注学生美育、劳育的培养体系，以特色项目推动学校开展系列美育、劳育活动。

（2）研究、挖掘、提炼本土文化，尝试寻找共通点、连接点，与校园文化紧密结合，在顶层设计的框架下，辐射至各科教育教学活动和特色课程建构中。

2.莲花学校诊断结果

一、基本情况

学校位于揭阳榕城区东泮村，建于2009年，由村委出地出资兴建。校园占地面积20余亩，建筑面积超11 000平方米。学校现有学生934人，设18个教学班。现有在编在岗公办教师43人，另外有11名临聘教师，4名支教老师，教师平均年龄近47岁，其中副高职称1人，其余教师均具备中级职称。学校党支部在职在岗党员教师18人，占教师人数的33%。

学校提出了"以德立校、依法治校、以人为本、科学管理"的管理理念，以及"尊重、诚实、博爱"的校训，"敬业、严谨、创新"的教风和"乐学、善思、合作"的学风。学校先后荣获"揭阳市语言文字规范化示范校""揭阳市书写特色学校""揭阳市平安校园""揭阳市文明校园"等称号。学校的发展愿景是建设富有特色的榕城区高品质区域性示范性学校。

根据《义务教育质量综合评价指标体系》评分，总分是195分，学校自评123分，专家组通过认真分析、对比研究和集体讨论，最终给出的评分为137分。

二、学校发展现状

（一）优势与亮点

1.教学质量良好，呈上升发展态势

自办学以来，学校克服了许多困难，积极推动教学质量提升，从最初的基础薄、质量差，逐渐发展为片区13所公办学校中教学质量名列前三的学校。学校稳步发展，在当地许多公办学校学生人数逐渐减少的大环境下，该校近年来的学生人数却逆势上升，从学校开办时的400多人增加到今年的900多人，新入学的学生以外来务工人员子女居多。

2.教育生态和谐，社会认可度较高

在王校长的悉心管理和关怀下，学校师资队伍和谐融洽，教师们具有良好的认同感、归属感和幸福感，个别教师因认同学校的管理理念，特意从外校调入。在强烈的幸福感驱动下，尽管教师队伍平均年龄偏大，但教师们大多具有比较强烈的工作责任感和上进心。学校的社会影响度良好，家长认可度也较高，在当地民办教育发展强势的情况下，教师们都将自己的孩子放在本校就读，以实际行动向社会诠释着一所学校的质量与文化自信。

目前，教师的专业发展主要以自主发展为主，教师普遍对专业化发展充满期待，愿意积极发展，他们希望通过"走出去，请进来"的模式，参与更高层次的交流学习，更新教育教学理念，提升自身专业水平，这为学校的发展储备了充足的能量。

3.日常管理有序，特色发展有潜质

学校自2009年建校以来，王延忠校长便在此任职，十二年如一日为学校的发展劳心费力，其"以德立校、依法治校、以人为本、科学管理"的管理理念深入人心，包容每一位教师和学生，深受师生喜爱，可以说是德高望重，他的工作也得到了区党委政府和上级教育部门的大力支持。2011年，学校是地区第一批进行电气化改造的学校，目前基础性教学设施良好。学校日常管理工作成效显著，校园环境整洁，各个功能场室管理有序，学生在校园内行为规范、文明有礼，班级卫生和课堂纪律良好。

学校的美术学科具有发展特色学科的潜质。由骨干教师引领，美术活动开展较多，营造了良好的美术氛围。学校每年都会举办艺术节、体育节等活动，最近两年每年都举办师生优秀书画作品展览，学生美术作品张贴在学校文化大厅和班级墙壁，展现了良好的美术氛围和特色发展潜质。此外，英语也是学校有潜质的重要学科，有几位优秀的英语学科骨干教师，为学科特色发展积蓄了力量。

（二）面临的困难与问题

1.客观困难

（1）生源复杂，家庭教育薄弱。学校现有学生数934人，其中榕城户籍（本地户籍）学生仅占40%左右，外来务工子女占近60%，其中近一半为外省户籍学生。学校还有7名随班就读的残疾学生，35名申请困难补助的学生。生源复杂，部分家长对子女教育不够重视，为家校联动教育带来较大难度。

（2）师资薄弱，队伍严重老化。学校现有在编在岗教师43人，平均年龄近47岁，近一半教师年龄在50岁以上，且大部分是女教师，接近退休年龄段，30岁以下的教师缺失，教师结构性缺编，将严重制约学校的后续发展。

（3）场地不足，办学条件受限。学校校舍由当地东泮村所建，按照中等规模（24个班）全日制小学标准设计建设，后因当地村政把学校约四成的场地和建筑物租给私人开办幼儿园，导致当前的校区内同时存在小学和幼儿园两个单位。加上近年来班级数量增加，学校的教学场室已严重不足，同一校园区域内，两个单位的日常教育教学秩序相互影响。

2.实际问题

（1）理念不明晰，发展效度受限。学校虽提出了管理理念和校训，但缺乏系统的办学理念思考，学校发展定位、定向、定标工作尚未清晰体现；学校管理构架不够完善，在实际工作中存在职责不分明，一些具体工作的落实存在职责游离等问题，导致管理不规范、不到位。在学校发展势头不断上升的背景下，恰好又成为榕城区高品质学校建设的试点单位，学校管理方式、教师发展、教学观

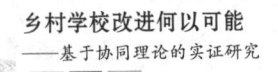

念、校园文化建设等方面都需要进行新的规划和组织，从这个意义上来讲，这为学校发展带来了一个全新的契机。

（2）课程意识弱，师生发展受限。学校重视教学工作，但课程发展意识相对薄弱，缺乏清晰的概念认知和具体的体系构建，国家课程的开设与执行也因客观或主观原因，存在开不足、开不齐或很低效的现象，没有明确的特色课程建设意识，在推进"双减"工作落实的过程中，校本课程开设与实施也处于初级阶段，学生的个性发展和自主发展得不到充分彰显。

（3）学科建设弱，教学质量受限。一是学校的常规教学管理工作比较粗放，学科组的建设比较薄弱，集体教研缺乏学校层面的规划与实施，教研活动缺乏计划、主题，学科集体教研在时间、空间、技术等方面的落实和保障机制尚未建立；二是缺乏学科带头人，教研组长的教研指导比较弱，缺乏骨干教师的引领；三是教研氛围不浓，课堂教育教学理念比较滞后，制约了学校教育教学品质的提升；四是学科教师配备不均衡，18位数学教师每人负责一个班级，工作量不够；英语教师仅有6人，一、二年级英语课未按国家规定开设。

（4）专业发展弱，教师成长受限。具体表现为"三个缺乏"：一是学校对教师专业发展缺乏规划和引领；二是学校没有计划性地组织促进教师专业发展的相关培训；三是骨干教师的培养发展不足，教师普遍缺乏课题研究意识，对教育教学的研究意识不强，严重制约了教师成长为市、区骨干教师的机会，教师的职称也难以提升。

（5）家校共育弱，教育合力受限。学生家长多为外来务工人员，对孩子的教育意识淡薄，家庭教育更需要学校的引领。学校家长委员会没有完整体系和运行机制，调查中了解到，毕业班有家长会，其他年级的家长会相对较少，家校共育不够深入、多元，家校共育的效果未充分显现，学校对家长开展家庭教育的良性影响力尚未得到充分发挥。

三、发展建议

根据揭阳市榕城区教育局对于建设高品质示范校的相关要求，结合目前学校的实际情况，以及专家组对问题的梳理和分析，着眼于未来持续发展需求，提出以下发展建议。

（一）对政府、教育主管部门的建议

1.配置学校发展空间

目前，学校的学生人数已开始严重超出预期，且仍在增长，当前教学空间已严重不足，教学场室匮乏，很多功能场室已被改为教室，影响正常的教育教学工作。鉴于学校良好的社会影响和未来发展需要，以及为当地经济社会发展提供有效教育配套服务的考虑，建议当地政府扩大莲花学校发展空间，可协调将幼儿园搬迁，将校舍全部交回给莲花学校办学，办成一所规模为24个班，学生1 200左右的完全小学。

2.逐步调整师资结构

教师队伍严重老化是学校未来发展的"瓶颈"，目前平均年龄47岁，且绝大部分为女性，必须引起高度重视。建议当地教育主管部门通过逐步补充新进教师与现任教师交流相结合的方式，逐年合理增加编制教师人数，逐步优化教师年龄结构，实现老、中、青合理搭配，避免出现短期内断崖式的优质教师资源紧缺的情况。

（二）对学校的建议

1.完善理念，规划发展

一是进一步凝练办学理念，构建完整的办学理念体系，明确学校定位、办学方向、办学目标和培养目标。专家组建议根据目前学校已有的文化思考，特别是校名和校徽含义的思考，提炼莲文化的特质作为学校的办学文化理念核心，打造"莲花教育"理念，引领学校新一轮发展，确定理念系统后，在学校核心区域进行展示。二是制定学校三年发展规划。在完善学校理念文化体系的基础上，制定学校未来三年发展规划，以科学规划引领学校高品质发展。

2.规范管理，提升内涵

学校领导班子要强化规范管理意识，以《义务教育质量综合评价指标体系》为基本指引，引领全体师生规范学校管理。具体建议如下：一是完善管理架构，明确各岗位职权责，依据实际情况，分工合作，实施规范管理；二是完善管理制度，根据时代要求和发展需求，发挥集体智慧和力量，完善德育、教学、教师发展三大板块的常规管理制度，编辑制度手册，力求规范性和实效性统一；三是做好常规管理"三大规范"。（1）环境规范，做好校园文化环境的规范布局，如楼层指示牌、各种标识牌、场室布局基本要求要统一、完整，班级加强整齐度和整洁度的管理，规范物品摆放，墙面整洁和课室展示栏的布置等；（2）活动规范，系统规划学校的大型德育和教学活动，提升活动层次，增强学生参与感，创设成功感，实现价值感；（3）材料规范，建立档案室，根据评估要求，分类整理相关材料档案，体现工作过程。

3.内部激活，壮大队伍

一是建设学习型领导班子，建立学习机制，采取"请进来，走出去"的方式，每学期定期对学校班子与中层干部进行富有实效的培训，例如：通过市内交流学习、外派东莞或发达地区跟岗学习，实施行政会前十分钟学习活动（共读一本书）等形式，激活管理认知，转变管理方式；二是大力培养骨干教师，创造机会让骨干教师参加培训和学习，打造本校的明星教师，例如：加入市级教研中心组或各种工作室或教研团队等，骨干教师带领学科组教师形成浓厚的教研氛围；三是建立校本研修机制，让教师每学期至少接受一次全员校本培训，通过校本培训开展师德师风建设，树立教师的专业发展观念，更新和强化专业技能和理论基础，弥补教师因年龄老化带来的思维僵化。

4.学科建设，创建特色

一是实施科组规范化管理。建立"和谐、竞争、合作、务实"的备课组文化，发挥各科组长的组织作用，首先要规范科组教学计划，包括：指导思想、教学目标、学习计划、学科规划、课堂结构改革、分层辅导、工作安排等方面；其次规范教研活动，做到定时、定人、定主题、定模式；再次规范备课管理，采用集体备课和个性备课相结合的模式，教师携带教案上课，最后规范课堂管理，发挥学生主体作用，采用小组合作学习的方式，尝试自主、合作、探究式学习。

二是创建特色学科。建议学校先重点打造英语学科和美术学科，给予各种支持，配备各种设施，让这两个科组作为规范化建设的带头科组，并为科组本身和其中的骨干教师创造成功的机会，力求产生引领效应。创建特色学科的具体推进建议：美术特色学科，美术课程可以与班级文化建设一同推进，在全校营造良好的学习美术的氛围，建构"教师出课程，学生出作品，学校出平台"的可循环的美术课程模式；英语科组可以重点打造骨干教师，参加市和区的教学能力大赛等，通过努力让科组有与区里其他优质学校同学科教师平等交流的机会。

三是培养学科带头人。可通过两种方式：（1）竞赛育人，建立学校"品质课堂"赛课机制，分年龄段赛课，让大家都动起来，并从中发现和培养学科带头人；（2）科研育人，鼓励有潜质的学科优秀教师主持或参与课题研究，立项区级以上的科研课题，在研究中提升专业素养和引领能力。

5.活动育人，全面发展

一是丰富节庆活动。建议将艺术节单列出来重点打造，以校园节日的形式将学校的书画特色做大做强，还可以根据地方文化特色创建相关文化活动的节日，丰富校园艺术氛围。

二是开展学生评价活动。建立完善的学生评价体系，通过课程育人、活动育人、环境育人的途径建立学生智育、才艺、自律、体质、劳动、品德等各方面的评价，可以通过评选"××之星""××达人"等项目并结合少先队争章活动的开展，使学生的学习更丰富、更多元，彰显个性发展。

三是创设活动作业。结合"双减"要求，创设生活德育周末体验作业，如课外阅读、家务劳动、体育锻炼、艺术欣赏、社会活动作业等。

6.家校共育，提升效能

针对学校生源多元、大部分家长教育观念薄弱的现状，需建立家校共育机制，具体包含三项工作。

一是成立家长委员会。动员具有培养意识、服务意识的家长，组织成立校级、年级、班级家长委员会，发挥组织和服务功能，为家校共育提供有效助力，在具体的方式方法上，可以向东莞的专家组所在学校学习。

二是开好家长会。坚持每学期召开家长会，具体可以多种形式进行，线上线下有机结合，让家长了解学校，了解自己的孩子，同时学习先进的家庭教育理念、方式方法。可以将家庭教育讲座引入家长会，邀请相关专家对家长进行培训。

三是尝试组建家长义工。在家委会的组织下，组织部分有时间、有热情、热衷教育的家长加入义工团队，为学校和孩子提供力所能及的服务，包括校门口指挥交通、学校大型活动服务、参与家长会组织工作、组织宣传教育等工作，发动家长参与以增强教育的合力，营造更加和谐有力的教育生态。

3. 榕东中学诊断结果

一、基本情况

榕东中学位于揭阳市榕城区，是一所公办初级学校。该校创办于1965年，2004年整体搬迁至现址办学，现学校占地面积26 680平方米，建筑面积13 562平方米，生均建筑面积9.1平方米。学校拥有教学楼4栋、综合楼1栋。近年来，学校按照规定标准配备了实验仪器、体美音器材和图书馆，藏书57 500册，生均35册。同时，学校还建设完善了多媒体教室、计算机教室、体操馆，并配置了设施齐全的理化生实验室4间、音乐美术专用功能场室等，新建了符合标准的室外塑胶300米田径运动场和七人制足球场等设施。学校现有32个教学班，1 631名学生，班均49人；教职工138名，其中专任教师130人，研究生2人，本科以上学历138人，专科以上学历占比100%，教师资格合格率100%。

校园环境绿化、美化、亮化，富有安全性、人文性、独特性，能充分体现育人价值。各类功能室布置整洁、温馨，管理规范、有序，各种教育资源得到了有效利用。学校先后荣获"省分级阅读示范基地""市书香校园""市平安校园""广东省依法治校示范校""榕城区语言文字规范化学校""榕城区先进党组织""市五四红旗团委"等荣誉称号。在2020—2021学年中，有一位教师发表的论文获得省级以上奖励。学校师生多次参加省、市、区举办的教学活动，均取得优异成绩，其中获得市级比赛荣誉的教师有5位，获得区级比赛荣誉的教师有28位，获得区级比赛荣誉的学生有18位，学生中考成绩在全区中学中名列前茅。

二、优点与特色

通过深入细致地研读自评报告，学校现场检视与观察，开展随机推门听课，访谈学校中层干部、师生等，总结出学校的特点与优势主要有以下四个方面。

（一）办学条件优

学校占地40亩，校园布局合理，功能分区明显，设施配备齐全，各类场室充裕。运动场地宽阔，300米田径运动场及七人制足球场颇受学生喜爱；每间课室均配备了大屏幕一体机和实物投影仪；图书馆藏书丰富，人均拥有图书35册以上，设有宽敞明亮的阅览室和现代简约的会议室等。这些硬件设施为教育教学工作的顺利开展提供了有力保障。

（二）精神面貌好

学校教师配备充足，精神面貌良好。校长林壮森低调务实、有闯劲、有韧劲，为人谦逊；行政班子配合默契，干劲足，积极性高，配合良好；师生比高，教师年龄在35—40岁之间，年龄结构合理，学习欲望强烈，正是盛年成业时；教职工对学校认同感强，有着强烈的办好学校的愿望。这样的队伍构成，为学校工作优化改良和高品质发展提供了坚实的人力支撑。

（三）书香氛围浓

踏入校园，便能感受到学校浓郁的书香氛围，每栋教学楼上均张挂了醒目的关于阅读、书籍等方面的标语，如"营造书香校园，彰显特色品牌""书籍点亮人生，书香溢满校园""读书使人明智，书香最能致远"等标识，学生沉浸其中，潜移默化地受到感染和熏陶，让书香浸润师生的生命成长。初中三个年级各班均开设了阅读的校本课程，这对拓宽学生知识面具有着积极的推动作用。为营造书香校园，学校创设了众多活动，诸如朝阳读书、阅读分享、硬笔书法、经典吟诵等，这些活动为学生成长提供了各种机会和展示平台，对促进学生多元发展起到了积极的作用。

（四）创新意识强

近两年来，林壮森校长带领行政团队，锐意改革创新，积极争取上级对校园升级改造的支持，不断优化教师办公环境，设法为教师办公室安装了空调，对原本的田径运动场进行翻新改造，优化了师生的运动场地。在学校改进的过程中，林校长也清晰地意识到提升教师的科研意识，是有效提升学校办学业绩的有效途径，并立志在短期内成功立项区级、市级课题，用课题引领学校、科组的优化变革。教育教学改进效果较为突出，近年的教育实践，班子成员对学校优化改进的"拦路虎"已经了然于胸，并积极寻求对策，注重抓好养成教育，促进学生良好行为习惯的养成，不断优化课堂教学，中考成绩进步显著，升读揭阳一中等重点高中的学生人数持续增加。

三、存在问题

结合入校的现场检视与访谈，对照《义务教育质量综合评价指标体系》中的7个一级指标、21个二级指标、61个三级指标，发现榕东中学虽已初步具备高品质发展的硬件条件，且呈现出良好的发展态势，但仍存在一些不足之处。经专家组商议，一致认为以下问题亟需解决。

（一）班子配备不齐，师资专业配置欠合理

在查阅档案及访谈过程中，发现学校支部委员会人员配备不齐，行政岗位上的部分干部因个人原因长期不在岗，这势必对党支部建设及"三会一课"的正常开展造成不良影响。行政人员的不齐整，导致对教育教学工作的引领力度不足，缺乏对常规工作检查落实的机制，检查中发现党建资料欠缺，各学科、各年级组操作不一。学校专业教师虽然配置充足，但专业构成存在明显不合理的情况，中英数教师配置较多，而体艺学科、其他学科的教师较少，全校仅有三位体育教师，无专职心理教师，这样的教师专业构成，不利于学校高品质地落实"五育并举、全面发展"。

（二）师资培训不足，教师专业发展欠明晰

学校对教师的专业引领不足，也未对教师的专业化发展提出规划要求，部分教师对职称晋升、职级评定等工作缺乏认识；学校也未建构校本教师专业成长梯级，缺乏激励教师专业成长的配套措施与制度，未能有效调动不同年龄段教师的优势及挖掘内在潜能，部分教师对参与培训的认识不足、积极性不高。学校教研组本应是教师校本提升的主阵地，但目前学校的教研水平仍仍停留在"三统一"（统一时间、统一地点、统一进度）的初级水平，且每月仅开展一次学科教研活动，内容主要是传达上级教育行政部门的指令，缺乏结合校情的校本思考，这样的活动设置及管理，难以有效发挥引领教师成长、商讨课堂对策、探寻增效举措、研究科研问题的功能。这也势必影响学校的内涵发展和持续优化。

（三）教学效率低下，教学组织形式较陈旧

专家组五人分别进入三个年级的部分班级课堂，随班听取了语文、数学、历史、思品、生物五个学科的课程。发现教师教学组织方式较为传统，多数采用了"我讲你听"的填鸭式教学，学生课堂参与互动较少，教学达成率偏低；课堂上教师对学生参与课堂的关注度不够，部分学生未按照教师指令参与课堂活动；课堂上教师选题用题层次略显单一，未根据学生的差异选定基础题、拓展题和难度较高的挑战题，难以满足不同层次学生的学习需求。

四、优化改进建议

希望榕东中学紧抓广东省进一步推动粤东西北基础教育高质量发展的契机，依托广东第二师范学院组织的专家治校优势，依照揭阳市教育局、榕城区教育局的相关政策文件精神，结合学校发展实际，团结并发挥好学校教职工的集体智慧，在充分调研的基础上，拟定学校优化改进的实施方案，并持之以恒地进行优化、改造、升级，直至到达更高的品质。

（一）提高认识，力促办学规范

规范化办学是提升学校办学品质，确保学校实现高质量发展的重要前提。建议学校对照《义务教育质量综合评价指标体系》，按照广东省规范化办学的相关要求，逐一对照和完善。建议学校将爱国主义教育的内容当作学校德育工作的重要内容来落实，坚持每日升降旗制度、每周一举行升旗仪式，并开展国旗下讲话，利用这一阵地对学生进行理想信念教育、社会主义核心价值观教育、中华民族传统文化教育、生态文明教育、心理健康教育、法治教育与禁毒教育等，培养学生良好的思想品德和行为习惯。进一步优化教师学科结构，努力配齐配足体育课教师、心理课教师等，努力落实"开齐课程，开足课时"的基本要求，使德智体美劳全面发展落到实处。充分利用学校体育场地，盘活现有的体操馆，坚持每学年召开体育运动会，为师生广泛参与体育运动创造条件。

（二）挖掘凝练，完善学校文化

榕东中学是一所拥有50多年办学历史的老校，2004年搬迁至现地址办学，学校现已建构了学校的办学理念、办学目标、办学特色、办学宗旨及"一训三风"等，但所提内容及表述之间缺乏内在联系，对几十年的办学文化也未提及。在校园文化建设方面，专家组建议学校充分挖掘学校的地缘信息、历史材料，深入走访老校长、老教师及各届校友，努力搜寻、归纳、梳理学校办学数十载所铸就的品质（或精神），凝练学校办学文化；进一步梳理完善"一训三风"，厘清彼此关系，使对学校发展、师生成长的表述更加精准、设定更加科学。学校在"书香校园"特色创建方面做了大量工作，也取得了一定成绩，具有较好的基础，建议学校将"一校一品"的特色创建与学校文化治理有机融合，使校园及师生更具书卷味、文化味。

（三）创设平台，助力教师成长

百年大计，教育为本；教育大计，教师为本。教师的精神面貌、工作状态，对学校办学品质的提升、高质量发展的实现有着十分深远的意义。建议榕东中学充分运用好"教师配备足、精神面貌好、年龄结构优、学习欲望强"的优势，构建校本教师成长梯级，并拟定教师提升的激励制度；创造机会向教师宣讲各类教育法规及政策，明晰教师专业提升的路径与方法，学习教师职称评定、岗位职级聘任的相关文件，引导广大教师自觉学习、积累和提升。要创新校本培训模式，通过采用学科组内师徒结对、外送培养、影子跟岗、同课异构、同伴分享等方式开展教师培训，采用校本研修、校际研修、线上线下研修、区域研修相结合的方式，拓宽教师视野，增长教师智慧，提升教师师能，依托广东第二师范专家平台，为教师专业提升提供助力；充分利用各类宣传平台，大力弘扬表彰先进典型，努力营造尊师重教、创先争优的良好氛围。

（四）立足基础，提升课堂效率

教育质量是学校的生命线，而提升教育质量的主阵地在课堂。专家组建议榕东中学加强对入学学生的认知基础分析，精准掌握学情；加强学科教研组建设，组织广大教师研习课程标准，追踪分析历年中考试卷，明确中考命题的要求及教考方向；立足学校实际，做好选题用题，做到精准测练，努力提高练考效率。加强课堂教学管理，关注教师课前备课、课中教学、课后辅导等细节，创新课堂教学组织形式，充分发挥学生教学主体的作用，推广"先学后教，以学定教"的理念，采用"重基础、小步子、快节奏、重反馈"的教学策略，充分调动学生参与课堂教学活动，有效落实课堂教学目标的达成，实现学校教育教学质量的稳步提升。

4. 古溪初级中学诊断报告

一、基本情况

古溪初级中学坐落于西岐村新围山，创办于1986年，占地面积50亩，建筑面积25 000平方米。学校现有32个教学班，在校学生1 800余人，教师160人。学校布局合理，环境宜人，是揭阳市、榕城区的平安校园，先后被评为"市文明学校""市绿色学校""全国校园足球特色学校"。

二、优点与特色

（一）坚持党建引领，依法依规办学

学校注重强化党建工作，党支部分工明确，工作计划、措施和总结完备，议事规则及相关制度健全，并严格落实民主集中制。严格执行党员发展规程，建立"三个名册"：党员名册、入党积极分子名册、发展党员计划名册，重视发挥党员先锋模范作用。学校坚持社会主义办学方向，定期组织师生开展法治教育，传达相关教育政策，依法依规办学。

（二）班子团结一心，干群关系融洽

学校领导班子团结，全校呈现出合作向上、互帮互助、纯朴敦厚的良好校风，学校干群关系、师生关系融洽，师生整体精神面貌良好，师生对学校领导班子工作认同度高。

（三）设施基本齐备，制度初步建立

近年来，市区加大教育投入，学校生均占地面积、生均建筑面积均有显著改善，教学环境大幅提升；学校持续加强设备设施改善和环境建设，运动场、实验室等一应俱全，教学多媒体设备在本地区处于比较先进的水平。学校有完整的办学理念、三训一风、办学章程、三年规划、年度计划完备，基本实现制度化管理。

（四）注重劳动实践，课外活动丰富

重视对学生的劳动和实践教育，强化劳动观念，树立崇尚劳动的文化风尚，培养学生热爱劳动的习惯和艰苦奋斗的精神，每周组织学生到校园周边进行"一周一扫"活动。

利用本地资源积极开展课外实践活动，体现了以人为本的教育理念，注重学生的全面发展，满足了个性化教育的需求，学生对课外活动兴趣浓厚，参与度高，德育活动扎实有效。

（五）教学管理规范，质量稳中有进

教学管理制度健全，教学人员岗位职责明确，教学、教研、科研等计划制定及时，目标明确，措施到位；学校注重学科教研组建设，积极开展教研活动，定期举办校优质课比赛。教师勤奋努力，备课组活动落实，作业批改认真，基本上实行全批全改。学校教学质量稳定在较高水平，连续多年在中考中取得优异成绩，每年考上市重点高中的学生达100多人，得到了社会家长和上级主管部门的认可。

（六）注重社团建设，足球特色彰显

学校重视社团建设，形成了一定的办学特色，1+6特色项目开展得有声有色，尤其是足球特色项目，有校本教材，有常态化活动，有实施目标计划，有师资安排，有评价反馈，普及程度高，区域影响力大，先后在区、市各类足球比赛中获得较好成绩，被评为国家

青少年足球教育特色学校。

<h3 style="text-align:center">三、存在问题</h3>

（一）政府资金投入不足

学校教师的办公环境难以满足学校现代化发展的需求；由于缺少资金投入，学校的教学设施无法跟上时代发展的步伐；各类场馆、功能室陈旧，实验器材、教学装备尚不完备，部分设施使用率较低。

（二）师资队伍不强

其一，师资配置未能符合办学要求，尽管教师总数充足，但存在结构性缺编问题，如心理教师、实验员短缺，部分学科教师不足；其二，教师总体学历水平偏低，大专以上学历119人（无本科数据），占比为74%，本科率未达到省级标准；其三，教师职称总体偏低，中学高级教师仅7人，中级职称教师占比也较低；其四，名师和学科带头人匮乏，学校仅有1位名师或学科带头人，领军人物稀缺，难以有效引领青年教师成长。

（三）学校文化品牌尚未形成

学校虽有三训一风、有章程、有管理制度，但缺乏核心与灵魂，也缺乏严谨的表述和提炼，尚未形成体系，未能深入师生的教与学之中，文化引领学校发展的氛围尚未形成。

（四）"学困生"人数较多

古溪初级中学地处城乡接合部，家庭教育水平整体偏低，受各方面因素影响，部分学生学习积极性不高，行为习惯欠佳，个别学生校内校外表现不一，不良行为倾向在校外仍然存在。

<h3 style="text-align:center">四、改进建议</h3>

（一）争取政府支持，完善硬件设施

对照省相关初中学校场馆、功能室、图书、器材配置的标准要求，争取政府财政支持和社会贤达资助；加大经费投入，有计划、分步骤对学校运动场地、功能室进行升级改造，加强危化品的管控，提高学生实验的开出率；同时优化教师办公环境，改善教师就餐条件，满足师生教学、生活基本需求；完善校园安保设施，推进"三防"建设标准化、信息化、网格化，强化校园安全保障。

（二）加强学校顶层设计，提升学校文化层次

关注符合时代趋势的先进教育教学思想，提出比较科学的办学理念。逐步打造学校独特的教育品牌，加强学校办学特色的宣传，完善学校品牌特色资料，使学校文化成为一个能够自洽、长久引领师生发展的体系。

（三）加强教师专业发展，配齐配强相应的专业师资力量

尽快配备专职心理教师、专职校医和专职理化生实验员。加大名师名班主任的培养力度，让一大批青年教师通过各种途径的学习提升，成为学校的骨干力量。进一步增强教育科研的针对性与实效性，提高教育科研成果的档次，从而提高学校的影响力和辐射力。

（四）大力开展课堂教学改革

将课堂教学从"以教为中心"转变为"以学为中心"。紧跟时代步伐，将信息技术与课堂教学深度融合，激发学生的学习兴趣，培育学生的核心素养，充分发挥课堂教学在素质教育中的主阵地作用，让学生学有所长、学有所乐、学有所得、学有所成。

（五）加强教师继续教育培训

以教师专业发展为目标，以"新理念、新课程、新技术"为主要内容，采取集中培训与校本研修相结合的方式，全员参加新课程培训，提高新课程培训的实效性。鼓励教师提升学历水平，提供便利条件，鼓励中青年教师参与师范专、本科进修，提升青年教师学历层次。

（六）强化家庭教育培训，提升家庭教育水平

利用家长学校平台，定期组织家庭教育培训，提升家长对家庭教育的认知；积极整合、利用校内外教育资源，完善学校、家庭、社区合力育人机制，营造学生良好的校外教育环境。

5.梅云华侨中学诊断报告

一、基本情况

梅云华侨中学创办于1958年，坐落于风景秀丽的紫峰山下，是榕城区教育局直属的一所公办中学。学校占地面积53 999平方米，建筑面积19 206平方米，教学区、生活区、运动区布局合理，功能场室和教育教学设备较为完备。学校现有41个教学班，学生2 355人，教职工171人，专任教师163人，其中，中学高级教师15人，中学一级教师93人。专任教师学历合格率达100%。

学校先后被评为"广东省绿色学校""揭阳市德育示范性学校""揭阳市平安校园""揭阳市体育先进学校"。学校党支部被评为广东省"先进基层党组织"，学校团委会被评为广东省"五四团委"，学校青年志愿者服务队荣获潮汕星河奖"品德奖"，学校的"尚礼文化"特色项目在2021年1月榕城区第二批特色项目评比中荣获一等奖。

二、优点与特色

（一）重视支部建设

党建宣传氛围浓厚，阵地设施完善。学校牢固树立"四个意识"、坚定"四个自信"，深入学习贯彻习近平新时代中国特色社会主义思想，推动党建工作与学校工作深度融合，端正教师队伍思想，鼓足教师干劲，提升教师师德师风和专业素养，努力争做"四有"好老师，办好人民满意的教育。

（二）办学质量较高

面对生源不优，优质生源稀缺的情况，学校通过加强三风建设，逐步扭转发展被动局面，在区域内同类学校中，教学质量名列前茅，为办好家门口的好学校奠定了坚实的基础。

（三）搭建管理架构

学校初步形成了"年级为块，处室为线"的"分级授权、逐级负责"的管理模式，构建了"学校统一要求工作—处室布置、检查—年级分工落实"管理体系。

（四）完善发展机制

学校建立了责任机制、督查机制、评价机制和激励机制，并在实践过程中不断丰富和完善。《梅云华侨中学教师职业道德考核方案》《梅云华侨中学"先进教师、先进班主任、优秀教师、名教师、突出贡献教师"评选方案》《梅云华侨中学教师教育教学工作质量评价方案》《梅云华侨中学班主任工作量化评比方案》等机制的实施，增强了教师工作的自觉性、主动性，各部门的工作质量和管理水平显著提高。

（五）探索文化育人

学校倡导以人为本，积极探索"尚礼教育"，尚礼教育旨在为每个孩子的终身发展奠定基础，提高人的素质的教育，倡导外表优雅、内涵博雅、谈吐文雅、举止典雅、气质高雅。学校在营造尚礼环境文化、树立尚礼价值观、培训尚礼教师、培养尚礼学生、学做尚礼家长等方面进行了积极探索，取得了一定成效。

三、存在问题

第一，学校虽已确定"尚礼教育"发展特色，但用以支撑特色发展的校本课程体系尚未建立起来，特色未能充分彰显，文化培育力度有待加强。

第二，教学、教研的规范性欠佳，教学、教研活动难以常态化高效开展，课堂教学方式较为传统，教与学的方式较为单一。

第三，课程开设不够规范，未开设综合实践课和心理课，也未配备心理健康专职教师。

第四，资料整理工作尚需完善。

第五，教师专业发展意识较为薄弱，缺乏引领、规划和激励机制。

第六，学校科研水平有待提升，技术赋能教师发展和学生成长方面相对薄弱。

第七，改革创新力度不足。

四、改进建议

（一）重视学校特色培育

遵循教育规律，根据新的政策导向和教育发展趋势，结合区域实际情况和自身优势，通过创建与"尚礼教育"相适配的学科性、活动性和环境性等课程，构建完备的课程体系，凸显学校办学理念和文化特质，培育学校"尚礼教育"特色，满足学生多元化发展需求，推动学生全面发展和个性成长。

（二）聚焦课堂教育改革

更新教育观念，转变教育方式，落实学生主体地位，优化课堂教学的方式方法，注重启发式、互动式、探究式教学，尤其是小组合作学习，推进课堂教学的改革创新，创建新的课堂教学模式，持续提升课堂效率，提高办学品质。

（三）提高教学教研实效

制定切实可行、有效的教学教研制度，体现精细、精准、精致管理，确保教研活动，尤其是集体备课落到实处；定期开展集体备课、听课、说课、评课等活动，使教学教研活动真实、常态、规范

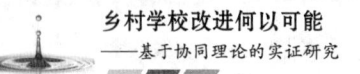

进行，有效的教研活动是高效课堂的前提条件。

（四）关注教师专业发展

学校应制定教师专业发展中长期规划，包括校本研修制度和方案，并指导教师制定个人专业成长规划，定期开展学科、科研、德育、心理、技术等专题培训，促进教研、科研与培训有机结合，鼓励教师利用网络学习平台开展线上学习和教研活动，发挥技术对教育的赋能作用。

（五）党建引领创新发展

通过请进来、走出去，主动学习借鉴创新发展的成熟经验，立足校情，勇于创新，以党建为引领，在特色办学、"五育"融合、课堂改革等方面坚定地走创新发展之路。

（六）重视书香校园建设

通过建设图书角、开展读书分享会等，将诵读经典与文化培育相结合，将教师的教育与学生的成长相结合，使书香气息弥漫校园，让一草一木、一墙一瓦都充满灵气，焕发生命力。书香校园的建设有利于师生修身养性、教师专业发展和学生健康成长；阅读还能够培养孩子的优良品德，促进学生形成正确积极的价值观念。

（七）建立创新激励机制

营造氛围并搭建平台，发挥每位教职工的主观能动性。

第三节 学校改进

学校改进主要以协同小组设计的《乡村学校改进与特色建设三年行动方案》为参考模板，根据学校诊断中提出的学校改进建议和新时代学校高质量发展的要求，制定学校改进和特色发展行动方案。

一、方案设计

协同小组根据学校改进和特色建设的总体目标,设计了《乡村学校改进基本内容》参考模板,供项目学校参考。(详见表3-1)

表3-1 乡村学校改进方案的基本内容

项目	内容
指导思想	教育政策导向、地方要求、现实需求
建设基础	包括:学校概况、各类荣誉和目前存在的问题等
总体目标	包括:办学理念体系、课程建设、内部管理、学科教学
具体目标	包括但不限于:文化培育、优师培养、课程完善、教学改进、教育研究、教学成绩、环境建设等
改进措施	针对目标寻找合适的方法和技术,包括但不限于:制度建设、校本研修、资源整合、教育评价、组织和经费保障等
成果预设	

二、改进计划

1.揭阳师范附属小学改进计划

一、改进目标

(一)总体目标

揭阳师范附属小学致力于通过系统性的改进,成为一所教育质量高、教师队伍强、学校文化鲜明、党建工作扎实、"五育"并举、特色课程丰富、办学成果显著、与本土文化紧密结合的示范学校。

(二)具体目标

1.党建与廉政:加强党的建设,提高教师的政治意识和责任感。

2.学校文化：完善并推广学校文化理念，深化"和雅文化"或"诗雅教育"。

3."五育"并举：提升德智体美劳各方面的教育质量。

4.课程与教学：完善特色课程体系，提高教学质量。

5."四有"好老师：加强教师队伍建设，提升教师的专业能力和教学水平。

6.办学成果：提高语文、数学、英语学科的教学质量和学科组建设水平。

7.特色与创新：突出学科特色，加强与本土文化的联系。

二、改进方法

（一）党建与廉政

1.定期组织党员教师进行政治理论学习，增强政治意识。

2.制定明确的党建工作计划，规范党建活动记录与总结。

3.通过开展丰富多彩的党建活动，增强党员教师的责任感和使命感。

（二）学校文化

1.深入挖掘和宣传"和雅文化"，使之内化为师生的行为准则。

2.举办校园文化活动，营造浓厚的文化氛围，增强学生的文化认同感。

（三）"五育"并举

1.加强师资培训，提高教师对"五育"并举的理解和实施能力。

2.优化课程设置，确保德智体美劳全面发展的教育内容。

3.推广课堂内外的教育活动，拓展学生的发展空间。

（四）课程与教学

1.对特色课程进行系统规划，确立课程标准和评价体系。

2.强化教师对课程理念的理解和运用，提高课堂教学效果。

（五）"四有"好老师

1.制定教师专业发展规划，提供定期培训和学习机会。

2.加强班主任队伍建设，提升班主任的教育管理能力和班级文化建设能力。

3.通过创建品牌教师计划，提高教师团队的整体水平。

（六）办学成果

1.加强顶层设计，确立学科组建设的目标和路径。

2.促进教师关注学生能力培养，平衡知识传授与能力提升。

（七）特色与创新

1.拓展学科特色项目，融合多学科内容，形成交叉学科的教学特色。

2.加强学校与本土文化的结合，利用地方特色资源丰富教学内容。

三、保障措施

1.资源保障：确保各项改进措施拥有充足的财政和物质支持。

2.人才保障：通过内部培训和外部引进，持续优化师资队伍结构。

3.政策保障：制定并完善相关政策和规章制度，为改进措施提供制度支撑。

4.监督保障：构建并完善监督机制，定期对改进措施的实施情况予以检查和评估。

5.文化保障：营造积极向上的校园文化，为改进措施的顺利实施提供良好的文化环境。

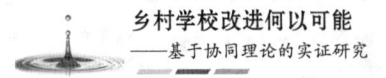

2. 莲花学校改进计划

一、改进目标

（一）总体目标

莲花学校力图通过系统性的改进，成为一所教育质量卓越、教师队伍强大、学校文化鲜明、管理规范高效、学科特色突出、家校共育成效显著的示范学校。

（二）具体目标

1.教学质量提升：三年内将学校教学质量提升至榕城区公办小学的前十五名。

2.师资结构优化：五年内逐步实现教师队伍年轻化、专业化，形成老、中、青合理搭配的师资结构。

3.特色学科建设：将美术和英语学科建设成为学校的特色学科，并在区域内形成一定影响力。

4.家校共育机制完善：构建有效的家校共育机制，提升家庭教育水平，形成教育合力。

二、改进方法

1.教学理念更新：组织全校教师学习先进的教学理念，转变教学方式，以学生为中心，注重培养学生的创新能力和实践能力。

2.课程体系完善：优化课程设置，开齐、开足国家课程，同时结合学校特色和学生需求，开发校本课程。

3.教研活动强化：加强学科组建设，定期开展教研活动，提升教师的教学和科研能力。

4.师资培训加强：制定系统的师资培训计划，通过"请进来、走出去"的模式，提升教师的专业素养和教育教学能力。

5.家校合作深化：通过家长会、家长学校、家长义工等形式，加强家校沟通与合作，共同促进学生的健康成长。

三、保障措施

1.组织保障：成立学校改进工作领导小组，明确分工，责任到人，确保各项改进措施的有效实施。

2.制度保障：完善学校管理制度，包括教学管理制度、教师发展制度、学生评价制度等，为学校改进提供制度保障。

3.经费保障：争取区政府、镇政府和社会的支持，增加教育经费投入，确保学校改进所需的经费保障。

4.监督评估：建立学校改进工作的监督评估机制，定期对各项改进措施的实施情况进行评估，及时察觉问题并调整改进策略。

3.榕东中学改进计划

一、改进目标

（一）总体目标

在新时代背景下，榕东中学致力于通过深化改革与内涵式发展，实现教育教学质量全面提升，构建开放、创新、和谐的学校文化，培养德智体美劳全面发展的社会主义建设者和接班人。

（二）具体目标

1.人员与结构优化：完善班子配备，实现师资专业配置的合理化。

2.专业发展与培训强化：明晰教师专业发展路径，增强教师专业能力。

3.教学模式与效率提升：创新教学组织形式，提高课堂教学效率和质量。

4.学校文化与环境建设：凝练学校文化，优化学校精神风貌和物质环境。

二、改进方法

（一）行政和师资配备

1.及时招聘和调配人员，确保行政和教学岗位人员齐备。

2.加强与上级教育部门的沟通，争取更多的教师编制和资源支持。

（二）教师培训与专业发展

1.构建校本教师培训体系，包括新教师培训、在职教师研修等。

2.鼓励教师参加线上线下培训、研讨会和工作坊，提升专业技能。

3.设立教师奖励机制，激励教师进行教学研究和创新。

（三）教学与课程改革

1.推广先进的教学理念和方法，如"先学后教，以学定教"。

2.加强学科教研组建设，定期组织教学研讨和交流活动。

3.实施精准教学和个性化辅导，满足不同层次学生的学习需求。

（四）校园文化与特色建设

1.深入挖掘学校历史和文化资源，完善校园文化体系。

2.开展丰富多彩的校园活动，如体育比赛、艺术表演等，提升学生综合素质。

3.打造学校特色品牌，如"书香校园"，营造独特的校园文化氛围。

三、保障措施

1.资源保障：争取政府及教育主管部门的支持，增加教育投入，确保人力、物力和财力资源充裕。

2.制度保障：完善学校管理制度和操作流程，建立健全教师培训、教学评估和激励机制。

3.技术保障：充分运用信息技术手段，提高教育教学和管理效率，促进教育信息化发展。

4.文化保障：通过定期组织文化活动、校园开放日等形式，增强学校文化的内聚力和影响力，塑造良好的学校形象。

5.持续监督：建立和完善教育教学质量监控体系，定期对教学质量、教师发展和学校管理等方面进行评估和反馈，确保改进措施的有效实施和持续优化。

4.古溪初级中学改进计划

一、改进目标

（一）总体目标

将古溪初级中学打造成为一所现代化、特色鲜明、质量优良的乡村学校。

（二）具体目标

1.争取政府和社会支持，完善学校硬件设施，包括运动场地、功能室、图书和实验器材等。

2.引进和培养优秀教师，提高教师队伍的整体素质，尤其是加强心理教师、实验员等紧缺岗位的配置。

3.提炼和塑造学校文化，形成具有古溪初级中学特色的办学理念和教育品牌。

4.推进课堂教学改革，以学生为中心，提升教学成效和学生的学习兴趣，降低学困生比例。

5.加强家长学校建设，提高家庭教育水平，形成学校、家庭、社区协同育人的良好机制。

二、改进方法

（一）硬件设施完善

1. 制定详细的硬件升级计划，明确所需资金和来源。
2. 积极与政府沟通，争取财政支持和政策倾斜。
3. 寻求社会捐赠和赞助，扩大资金来源。
4. 有计划地逐步实施硬件设施的升级和改造。

（二）师资队伍建设

1. 制定教师引进和培养计划，明确目标和措施。
2. 加强与高校及师范院校的合作，吸引优秀毕业生到校任教。
3. 鼓励在职教师参加进修和培训，提升学历和专业技能。
4. 建立激励机制，鼓励教师积极参与教研和科研活动。

（三）学校文化建设

1. 组织师生共同探讨和提炼学校的办学理念和文化特色。
2. 加强学校文化的宣传和推广，增强师生对学校文化的认同感和归属感。
3. 开展形式多样的校园文化活动，营造浓郁的文化氛围。

（四）课堂教学改革

1. 组织教师学习先进的教学理念和方法，转变教学观念。
2. 鼓励教师尝试新型教学模式和手段，如翻转课堂、小组合作学习等。
3. 加强信息技术与课堂教学的融合，利用多媒体和网络资源辅助教学。

（五）家校合作强化

1. 定期举办家长学校活动，提升家长的教育意识和能力。
2. 建立家校沟通平台，及时反馈学生的学习情况和表现。
3. 鼓励家长参与学校的教育教学活动和志愿服务。

三、保障措施

1.组织保障：成立学校改进工作领导小组，负责统筹协调和改进工作的推进。明确各部门和人员的职责和任务分工，确保工作有序进行。

2.制度保障：完善学校管理制度和规章制度，确保改进工作的规范化和制度化。建立激励机制和考核机制，对改进工作成效显著的部门和个人予以奖励和表彰。

3.经费保障：制定详细的经费预算和使用计划，确保改进工作的资金需求得到满足。加强经费使用的监管和评估，确保经费使用的合理性和有效性。

4.监督评估：建立监督评估机制，定期对改进工作进行评估和反馈。及时总结经验教训和不足之处，对改进方案进行调整和优化。

5.梅云华侨中学改进计划

一、改进目标

（一）总体目标

通过实施改进措施，将梅云华侨中学建设成为一所品质优良、特色鲜明、教育质量高的学校，促进学生全面发展和个性成长。

（二）具体目标

1.开发一系列与"尚礼教育"相关的校本课程，包括学科性课程、活动性课程和环境性课程，以满足学生多元化发展需求，促进学生全面发展和个性成长。

2.定期组织教研、科研和培训活动，促进教研、科研与培训的有机结合，提高课堂教学效率，提升办学品质。

3.完善教师专业发展规划，定期开展学科、科研、德育、心理、技术等专题培训，鼓励教师利用网络学习平台开展线上学习和教研活动。

4.建立创新激励机制，营造良好氛围，搭建平台，激发教职工的主观能动性，推动学校各项工作创新发展。

二、改进方法

1.强化党建引领，促进党建工作与学校工作深度融合，提升学校管理水平。

2.完善管理制度，加强教学、教研的规范性，确保教学活动真实、常态、规范进行。

3.定期开展集体备课、听课、说课、评课等活动，使教学教研活动真实有效，提高教学活动的效率。

4.加强与外部的合作与交流，学习借鉴创新发展的成熟经验，结合校情，勇于创新。

三、保障措施

1.加强领导，明确责任分工，确保各项改进措施得到有效落实。

2.加大资金投入，为改进措施的实施提供必要的物质保障。

3.加强宣传教育，提高师生和家长对改进措施的认识和理解，营造良好的校园氛围。

4.建立监督机制，对改进措施的实施情况进行定期检查和评估，确保取得实效。

第四节　过程督导

一、专项指导

协同小组在地方教育行政部门的密切配合下，通过查阅档案资料、听取工作介绍、观摩教学活动及召开座谈会等多种方式，全面深入地了解学校的改进措施和特色建设工作的进展情况。此外，该小组还通过发放问卷的形式，广泛收集家长、学生和教师的反馈信息。

在对学校诊断改进建议的落实情况进行逐项分析后，小组着重于进一步巩固和提升已达到整改标准的内容的质量和水平。同时，针对诊断中发现的最为薄弱的环节，予以督促和指导，以确保切实有效的改进。

督导小组还邀请省市级名校长工作室的主持人及其团队，每学期两次进入试点学校。在这一过程中，一方面，督导小组要求各方根据协同目标进行自我检查，确保各自履行了相应的职责，并针对学校面临的新问题和新情况做出相应的调整或加强。另一方面，对于项目学校在实施过程中遇到的资源支持、智力协助和关系协调等问题，小组将深入剖析其根本原因，并聚焦关键人物及环节，以确保学校的改进工作能够顺利推进，并取得实际成效。

特别是大学的基础教育专家与省、市级名校长工作室的领军人物，他们会按照协同小组的要求与试点学校的管理团队进行亲切且深入的研讨交流。这种轻松自然的研讨方式，旨在引导试点学校的校长通过倾听他人的实践经验和成长故事，进行自我反思，从而发现自身存在的潜在问题。同时，校长们能够凭借专家们渊博的知识和独到的见解，清晰地梳理出学校发展的主线，并制定出明确的办学策略。通过这样的交流平台，校长们能够更精准地推动学校各项事业的稳步发展，并在日常的教学管理中深入挖掘每位师生的内在潜力，实现每位师生的个人价值和社会价值。

为了进一步推动工作的提升，榕城区教研室和教育组将根据协同理论分工为试点学校提供专题指导，尤其是在教研和教学等关键领域，以确保督导活动能够有效促进学校各项工作的持续进步。

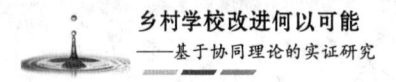

二、学科视导

（一）学科视导方案设计

学校视导是通过听课、查看教师的教学资料、学科活动及学科建设资料，一方面了解教师对课标、教材、学情的把握，调研新课标在课堂教学中的落实情况（见表3-2），另一方面了解学科在课程体系、特色建设、名优教师培养培训、学科文化培育等方面的情况（见表3-3）。

表3-2　学科视导听课表

学科		班别		视导时间		授课教师	
课题						视导教师	
课堂要素	具体要求						评分
课堂目标 （10分）	以新课标为依据确定教学方法和学习方法，理解本章节的学科行为动词，把握课堂的深度与广度，并针对前测中存在的问题确定教学难点和重点。						
知识传授 （15分）	根据新课标要求，在做好知识传授的同时，要坚持价值性和知识性相统一，寓价值观引导于知识传授之中，落实"立德树人"。						
学生参与 （25分）	让全体学生通过多种学习方式参与到学习活动中，以题组的形式巩固知识与技能，通过问题和任务驱动，巩固练习学生先做后评，让学生在独立思考和相互交流中，强化知识、技能、方法的应用情境，理解知识的本质。						
课堂反馈 （25分）	维护课堂教学秩序，关注和调控学生的听课动态，采取恰当的方式观察学生对知识、技能、方法的掌握程度，注意纠正学习过程中不良的学习习惯、不科学的思维习惯、不规范的解题习惯。						
课堂评价 （15分）	教师激励性的评价、学生的自我评价与学生间互相评价相结合，多表扬学生通过努力获得的成就，构建学科自信。						
规律（方法）总结（10分）	感悟学科思想，积累基本活动经验，发展思维能力，培养规范的解题习惯，形成和发展学科核心素养。						
合计							
总评建议							

表3-3　学科组建设评价表

学科组			视导时间				
序号	主要内容	分值	评价结果				得分
			好	较好	一般	稍差	
1	学科文化建设	10					
2	学科建设计划	10					
3	名优教师培养	20					
4	学科课程建设	10					
5	教研活动情况	10					
6	教学常规管理	10					
7	随课堂听课表现	20					
8	学科建设成果	10					
合计							
意见反馈							
视导组成员签名							

（二）学科视导行动

（1）视导组专家每学期对五所高品质学校建设试点校进行两次视导，并在视导过程中积极与学校管理层和教师团队进行深入沟通与交流。这种频次和沟通方式能够确保专家对学校的支持和关注得以持续，也能够及时倾听学校的需求和问题，进而提供个性化、切实可行的建议。

（2）在对课堂教学的视导过程中，专家能够进入各个班级，随堂听课，了解教师和学生的互动情况，以及教学内容的掌握情况。在此基础上，专家可以对教学情况进行评估，并针对教学中的具体问题提出改进建议。同时，专家也可以通过与教师的面对面交流，分享他们的教学心得和方法，有针对性地推动教学改进和创新。

（3）专家蹲点班级，从细节入手，全面观察学生的礼仪行为、执行力、课前准备情况、课间活动、午餐食品等，全方位了解学生的素质培养情况。通过这些观察和诊断，专家能为学校提供具有针对性的改进建议，助力学校在学生综合素质培养方面取得更好的成效。

（4）专家视导应从多个角度出发，如落实新课标、单元整体教学的设计以及大概念的引领、学生习惯的培养、信息技术在教学中的运用等方面进行专业指导。针对不同学科的特点，专家能够提供具体的、切实可行的教学方法和策略，帮助教师更好地把握教学重点，提升学生的学习效果。

（5）在教材研读、学情分析、课程结构设计、学习任务布置、教学情境创建以及课后作业评价等方面，专家也可以与教师进行深入交流和指导，通过合作帮助教师提高教学设计的质量和有效性，使学生能更好地理解和运用所学知识。

（6）对于试点学校，专家应针对其特点，指导学科组制定包含学科特色的发展规划。专家可以协助教师挖掘和整合乡土文化资源，开发乡土课程，将现代教育理念和技术融入乡村教学实践中，从而形成具有地域特色的乡村教育教学新模式。这样的指导不仅能提升乡村学校的教育质量，更能满足乡村学生的特殊需求，达成个性化教育的目标。

第五节 专项研训

乡村教师的发展关系到乡村教育的发展质量和乡村学生的成长。乡村教师专项培训的目的是提升乡村教师的"乡土素养"、融合能力和实践智慧。在专项培训中，我们注重理论与实践的融合，既提升乡村教师的理论素养，又通过实践促进理论的内化，提高了实践智慧，同时避免乡村教育过度城市化，而改变了乡村教育本来的意蕴。在尊重差异的基础上，凸显乡村教育的特色化发展，最终实现"各美其美，美人之美，美美与共，天下大同"的城乡教育高质量和谐发展，确保教育真正造福于民。

一、理论研习

乡村教师的专业成长是乡村教育发展的关键。为提高乡村教育的质量和效果，乡村教师需通过持续且高质量的专业阅读和系统培训，不断提升自身的专业知识和教育教学能力。

（一）专业阅读

乡村教师的阅读应当围绕对乡土生活、乡土文化和乡村教育的深入理解展开。推荐书目包括但不限于费孝通的《乡土中国》、梁漱溟的《乡村建设理论》、晏阳初的《平民教育与乡村建设运动》等，这些著作有助于教师深刻把握中国的乡土文化和乡村教育的发展历程。此外，教师还应阅读《陶行知教育名篇精选》《中国教育名家名著精读丛书：乡村和平民教育思想与教育论著选读》《农村课堂教学诊断》等，这些书籍有助于教师认识民族文化的价值，更好地进行文化传承。

（二）系统培训

乡村教师需深入解读中央提出的乡村振兴相关政策文件，以及阅读《乡村教育振兴研究》《乡村振兴背景下中国农村教育发展》、历年的《中国农村教育发展报告》等，这些资料有助于教师了解国家对乡村教育的最新要求和发展方向。

值得一提的是，广东第二师范学院副教授刘建强创新性地将老子《道德经》中的"道法术器势"理念引入高品质学校建设领域。他巧妙运用"道法术器势"的框架，对乡村学校改进方案进行了全面而系统的思考，进而构建出一套结构化的思维模式。这一模式被划分为建设之道、建设之法、建设之术、建设之器、建设之势等五大模块，每个模块都承载着独特的理论与实践意义。在全程网络教学的模式下，刘副教授精心设计了十二个专题，用了9个月时间的讲授，深入剖析了高品质学校建设的理论基础。这些专题内容广泛，涵盖了理念体系构建、行动计划制定、教育问题诊断、组织结构优化、制度建设完善、目标管理实施、优秀教师培养、教育技术应用、教育研究开展、课程体系建设、评价机制改革以及环境优化提升等诸多方面。课程内容不仅深刻剖析了高品质学校建设的核心价值，还提供了具体的实施路径和名校的宝贵办学经验，为实践者提供了全面的指导和启示。

此外，培训中应邀请乡村教育领域的专家和学者，分享国内乡村教育改革与乡村学校改进的成功案例。例如，特邀华南师范大学基础教育学院的杜德栎教授分享国内乡村学校改进的经典案例，并介绍乡村学校校长如何通过自身努力改变学校落后面貌的成功做法。通过这样的学习和交流，教师能够获得实际操作的经验和方法，为自己的教学实践提供借鉴。

乡村教师还应参与到乡村教育理论的研修中，包括对乡村教育振兴政策的深入理解、乡村学校改进计划的制定、乡村课堂特色的构建、乡村教育科研课题的立项、乡村课程活动的策划以及乡村教育资源的整合等方面。五所试点学校主动与结对帮扶的东莞品牌学校连接，每学期两次邀请东莞的优秀科组长、学科带头人到学校上示范课、做专题讲座、开研讨会。这些活动不仅能够增进教师对乡村教育的理解，还能够帮助他们构建起完整的乡村教育知识框架和思维模式。

（三）树立正确的乡村教育价值观念

树立正确的乡村教育价值观念，是乡村教育持续健康发展的关键所在。这种价值观念强调教育不仅仅是知识的传递，更是对孩子们未来发展和人生规划的引领。同时，提升乡村教育的关键能力也至关重要，它涵盖了教学技巧、心理辅导、家校沟通等多个方面。乡村教师通过不断的学习和实践，可以逐渐成长为高素质的教育工作者，他们不仅传授知识，更是孩子们成长路上的引路人。他们的努力与付出，将为乡村教育的振兴贡献重要力量，成为那些孩子们成长道路上的无悔奉献者。

二、技能学习

在当今的教育体系中，乡村教师扮演着至关重要的角色。由于乡村地区的特殊性，这些教师不仅需要具备基本的教育教学能力，还需要掌握一系列与乡村教育环境相适应的特定技能。

（一）心理辅导和情感教育技能的提升

乡村教育中有大量留守儿童和问题学生，他们需要良好的心理指导和情感关怀。教师需掌握相应的心理辅导以及情感教育技能，对学生的情绪波动、性格塑造、人格发展等进行有效引导。

（二）家庭社区协同教育

乡村教师应具备与家庭、社区等多元主体协同开展教育的能力。乡村教师需要掌握与家长沟通的技巧，调动家庭资源，使家庭教育成为学校教育的延伸。同时，了解乡村社会文化背景，利用社区资源进行教学活动，使教育更具乡土气息。

（三）地方性专业知识积累

乡村教师还需积累一定的地方性专业知识，如熟悉本地的乡土文化、历史、地理等，将这些融入日常教学中，让孩子们在学习过程中培养对家乡的热爱之情，对乡土文化有更深入的理解。

（四）乡土课程的开发与建设

在现行教育模式下，乡村教师可以积极探索乡土课程的开发。例如，利用本地的资源和环境，举办生态学、传统手工艺等相关课程，增强学生对于本地特色的了解和认同。

（五）以问题为导向的课堂问题诊断

乡村教师需具备问题发现能力，能够在实际教学中发现并解决出现的各种问题。从教育教学层面出发，让教师把问题诊断置于乡土文化的广阔背景之下，反思和探讨问题，寻找适合当地环境的解决方法。

乡村教师面对的问题复杂多变，项目组通过现场考察，理解乡村教师遇到的实际问题，对他们的工作进行支持和引导，尤为关键。同时，项目组提供专业的培训和教育资源，帮助乡村教师提升专业技能，可以更好地应对乡村教育中的挑战。

三、经验分享

首先，为了全面提升乡村教师的专业素养和教育教学能力，协同小组强烈推荐系统学习由华东师范大学出版的"乡村振兴中的学校发展"丛书。这套书目涵盖了乡村教师专业发展、班级建设、教育科研、学科教学、学校信息化、课程设计、家校合作以及学生心理辅导等多个方面，为乡村教师提供了全面而系统的学习资源。其中，《乡村教师发展》一书，深入探讨了乡村教师专业成长的路径和方法，为教师的职业生涯规划提供了有力的指导；《乡村班级建设》则关注班级管理的艺术和策略，帮助教师构建积极、和谐的班级氛围；《乡村教师科研》引领教师走进教育科研的殿堂，掌握科学的研究方法和技巧；《乡村语文教学》和《乡村小学英语教学》则针对具体学科，提供了丰富的教学案例和实践策略，助力教师提升学科教学能力。此外，《乡村学校信息化》一书将现代信息技术与乡村教育紧密结合，为教师利用技术手段优化教学提供了有力的支持；《乡村学校课程》关注课程设计与实施,引导教师构建符合乡村学生特点的课程体系;《乡村校社合作》则探讨了家校合作的有效模式和策略,促进家庭教育与学校教育的良性互动;《乡村学生心理辅导》则针对乡村学生的心理特点,提供了专业的心理辅导技巧和方法。

其次,为了最大化发挥优秀教师的示范与引领作用,专家组将悉心指导试点学校的杰出教师撰写教育案例,并协助他们精炼观点、精心设计分享用的PPT。这些教师将结合自身丰富的乡村教育实践经验,向试点学校的其他同仁进行分享。通过这样的经验交流,旨在拉近乡村教师工作经验与乡村教育实践问题之间的距离,确保经验分享与乡村教师的实际需求高度匹配,进而助推乡村教育实践迈向更深层次的发展。

最后,为了让试点学校的教师更直观地感受名优教师的教育教学艺术和实践智慧,协同小组与试点学校共同组织乡村名优教师的教育教学现场活动。这些名优教师将在真实的课堂环境中展示他们的教学技巧、课堂管理能力和学生互动方式等,为试点学校的教师提供宝贵的观摩学习机会。通过现场观摩和学习,试点学校的教师可以更深入地理解教育教学的精髓和要义,提升自己的教育教学水平和实践能力。同时,这也将激发乡村教师对教育事业的热情和追求,为乡村教育的振兴贡献自己的力量。

四、名校伴随

促进城乡教育均衡发展是各级教育行政部门推进义务教育均衡发展的重要目标。协同小组充分认识到乡村学校在办学条件、资源配置上明显弱于城市学校的现实,但转变校长的办学观念,提高乡村教师的教学能力、优化学生的学习方法,完全可以通过专家引领、名校相助、学校内驱力的激发来实现,乡村学校也能成为乡村振兴中的中坚力量。名校伴随在于广东第二师范学院整合雄厚的基础教育优质资源,经试点学校与东莞市的省、市级名校长工作室主持人同意，由揭阳市榕城区教育局教研室统筹，将两市的学校进行结对帮扶，通过省市级名校长工作室的平台和名校长所在学校人力资源的扶持，把试点学校的校本化实践经验进行优化，为学生的全面而富有个性的发展发挥更大的功能。

（一）帮助乡村学校"造血"

通过互联网平台，建立高校研究者、发达地区学校教师与乡村教师的跨界学习共同体，协同小组为项目做好"造血"的顶层设计、系统规划和统筹安排，形成上下呼应的工作机制，安排试点学校教师展示真实的课堂教学（课例），运用联片或网络教研的方式，请名校教师对所展示课例中的教学环节、师生互动、难点处理、学习成效等进行把脉，指导授课教师在规范教学的基础上，结合乡村学生的特点和学校现有的条件提高教学的有效性，形成乡村教学特色，而非把乡村的课堂教学变成城市的课堂教学。以此优势互补，建立高校专家、名优学校、乡村学校、乡村教师的成长共同体，形成互相支持、开放合作、不断创新的共同体文化，让乡村教师增强教学自信、教学智慧。

（二）打通乡村学校"经络"

教学质量是学校的生命线，它取决于两大核心要素：有效教学和内部管理。有效教学能确保学生获得实质性的学习成果，而内部管理则为教师营造一个和谐、有序的工作环境，增强教师的归属感。这种归属感源于教师对团队的信任、依赖和深厚的情感纽带，它是学校内部凝聚力的基石。

乡村振兴与教育紧密相连。在乡村文化传承、人才培养以及美好家园的建设中，乡村教师扮演着举足轻重的角色。他们肩负着时代的责任，通过教育为乡村振兴贡献力量。当乡村振兴的成果惠及广大乡村时，乡村教师也能从中深刻感受到自身的责任感和荣誉感，这是对他们无私奉献的最好回馈。

历史上，黄炎培、梁漱溟、陶行知、晏阳初等先驱为我国教育事业的发展献出了毕生的心血和智慧。他们的光辉事迹、深邃思想和奋斗精神激励着一代又一代的教育工作者。今天的乡村教师应当汲取这些先辈的力量，用师爱、师能去擦亮乡村振兴的底色，充分理解振兴乡村、追求幸福生活的深远意义。在这个过程中，教师需要成为引导者和激励者，自觉担负起新时代赋予的乡村教育振兴新使命。通过他们的不懈努力和持续创新，乡村教育将迎来更加美好的明天。

（三）引导乡村学校"展翅"

乡村学校培育自身的特色，需要乡土教育理念和乡土课程体系的支撑，在落实好国家课程的基础上，吐故纳新地开发校本课程，教育和引导师生读懂乡里的山、水、人，享受人文教育，把土地、果园、菜园当成实验室，开展科学教育。我们帮助项目学校发掘、梳理乡土文化中的教育资源、艺术元素和艺术技艺，开发乡土美育课堂，推动岁时节令文化、乡土艺术进校园，让学生享受到创造性的、研究性的、试验性的学习和劳动的欢乐，让学校所在地域的乡土、自然、人文成为乡村学校特色的立身之本。例如，乡村学校开设中草药种植基地，编写中草药教材，使学生不仅认识中草药，爱上这些神奇的花草，更了解它们的功效，唤醒了学生对中国优秀传统文化的热爱。

五、名校考察

协同小组为了满足榕城教育干部、中小学校长在高品质学校建设中的智力需求，每学期精心组织一次考察活动，前往珠三角地区的一所名校进行深度学习。这种定期的、有针对性的考察，不仅帮助乡村学校的领导层拓宽视野，更能促使他们将先进的教育理念和管理方法引入到自己的学校中。

在名校的考察期间，协同小组按照行程安排重点关注课堂教学、学生活动以及管理流程。他们通过观摩课堂，亲身体验名校教师的教学风格和教学方法，观察学生们在课堂上如何积极互动、深入思考。同时，他们也会参与到学生的课外活动中，感受名校如何通过丰富多彩的活动来促进学生的全面发展。

管理流程方面，榕城区的教育干部、中小学校长必须与名校的管理团队进行深入的交流。了解名校如何通过科学的管理制度、精细化的管理流程以及高效的信息技术手段，实现学校的高效运转。这些管理经验对于提升乡村学校的管理水平具有极高的借鉴价值。

在与名校教师和管理人员的交流中，榕城区的教育干部、中小学校长还需深入探讨如何推行素质教育、实行精细化管理、利用优质教学资源以及采用创新的教学方式等方面的议题。他们深入了解名校在这些方面的成功实践和经验，这些经验不仅有助于更新他们的教育理念，更为他们提供了具体可行的操作方法。

考察结束后，榕城中小学的教育干部、中小学校长要把这些宝贵的经验带回自己的学校。他们必须结合学校的实际情况，通过工作"复盘"对这些经验进行本土化的改造和创新，逐步将它们融入日常的教学和管理工作中。通过这些努力，乡村学校的教育教学质量和管理水平得到了显著的提升，为学生们提供了更加优质的教育环境。

六、总结反思

为了推动乡村学校的改进，明确适合自身发展路径的重要性不言而喻。这个过程不仅需要更新教育理念，而且要重新认识乡村价值并明确办学目标。首先，树立乡村教育信念是改进工作的基石。面对挑战，坚守为乡村孩子提供公平且高质量教育的使命至关重要，让孩子们能在家门口接受优质教育，无须远行寻找教育资源。

乡村的价值不仅在于其自然馈赠，更在于它是人类文明的摇篮。在这里，人们享受开阔的视野和宁静的环境，这些特质构成乡村独特的魅力。

第三章　实践探索

　　随着农业机械化和交通通信的发展，乡村的生活变得更加便利和舒适，成为理想的居住地。乡村教育拥有独特的优势：开放性为教育提供丰富资源，精致性使得教育能够注重个体差异，紧密联系生活的"农技性"[①]让孩子们体验知识的实际应用，源泉性则指大自然对儿童成长的滋养。

　　明确了乡村教育的信念和价值后，正确的办学目标对改进乡村学校至关重要。办学目标应围绕乡村儿童的成长需求，提供最适合他们的教育，帮助他们发现自身潜力并获得最佳发展。这不意味着逆城市化趋势，而是使农村学校成为孩子们成长的乐园。

　　为了乡村学校的持续改进和发展，我们需要摆脱束缚想象力的问题误区，并坚持实事求是的基本原则。我们必须分辨出真正的办学障碍和那些假问题，如认为"学校环境条件差，故办不好学校"或"农村学校得不到家长支持"等观点。这些观念忽视了即便在艰苦条件下也能通过有效利用资源提升教育质量的可能性，以及家长支持的真正含义。通过深入了解学生的需求，解决影响儿童成长的不利因素，我们可以提升教育的质量和效果。

　　在追求特色学校的过程中，我们应确保这些特色满足学生的基本需求并提升他们的素养。让学生参与到校园生活的每个方面，例如，在校园的花池里种什么花这样的问题上，如果我们能够让学生参与决策、栽种和养护的过程，那么这不仅能够培养学生的责任感和审美情趣，还能够为学校增添一份独特的魅力。

　　综上所述，乡村学校无需盲目追随城市学校的发展模式，而应根据自身的实际情况和特点，以活泼的姿态发展。乡村学校的教育经历能为学生留下宝贵的精神财富和高尚的人格品质，这些品质将伴随他们一生，在任何地方都能发光发热。

---

　　① "农技性"是乡村教育中的一个重要特性，它使得乡村教育更加贴近实际、贴近生活，有助于培养孩子们的实践能力和创新精神。随着农业科技的不断进步和乡村振兴战略的深入实施，"农技性"在乡村教育中的作用将越来越凸显。

第四章 措施优化

我国在大力推进城乡一体化、均衡化发展的战略背景下，使乡村振兴和乡村教育发生了天翻地覆的变化，学校办学条件得到极大改善，教师队伍趋向稳定，也逐步缓解了教师队伍结构老龄化、学科性教师短缺等问题。而高质量是学校发展的当务之急，也是永恒的话题。

第一节 提升品位

品位不仅是衡量人或事物品质高低的综合指标，更是体现深层次价值追求和内涵的标准。在教育领域，学校的办学品位直接影响其教育行为是否符合教育规律、是否严格遵循政策法规，并最终体现在学生的素质及社会认可度上。办学品位并非简单依赖于硬件设施的投入或师资力量的堆砌，而更多地反映在学校文化的内涵以及课程体系的深度与广度上。正如古诗"苔花小如米，也学牡丹开"所表达的，即使是微小的苔花，也努力展现自己独特的美丽。

乡村学校虽然常面临物质资源匮乏、教育质量不高和校园文化模糊等挑战，但在物质条件逐步改善的今天，提升教育质量已成为改进工作的重中之重。此外，加强学校文化建设也显得尤为关键，这不仅有助于塑造学校的独特精神风貌，还能为师生创造一个积极向上的教育环境，从而推动教育质量的整体提升。因此,乡村学校在改善物质条件的同时,应更加注重教育质量的提升和学校文化的丰富,以实现全面的发展和进步。乡村学校拥有许多美好的元素和价值,这些都需要被精心挖掘、呵护并传承下去,以充分发挥其在教育改革中的独特作用。

一、学校特色文化培育

对于学校的发展来说,文化建构不仅是起始点,更是塑造学校独特魅力和赋予其持久生命力的核心要素。文化深刻地影响着教育的根基,诸如"应创办何种类型的学校、应培养何种品质的人才,以及这些人才将为谁服务"等教育的本质问题。因此,在协同小组的引领下,试点学校的校长及其领导团队对学校的发展定位、价值取向进行了全面而系统的思考。同时,他们从学校文化体系的顶层设计着手,将文化建设视为学校改进和优化的关键起点,这不仅为学校实现特色发展目标奠定了重要基础,也为其长远发展提供了坚实的前提保障。在培育学校特色文化的过程中,以下几个方面至关重要。

(一)传承与发扬乡土文化

乡村学校与乡土文化有着天然的联系。作为地域乡土文化的教育传承场所,学校应当将"乡土"视为一种自觉的文化态度。在全球视野下,乡村学校需要反思自身在地域乡土文化建构中的角色和行动,积极发挥在优秀地域乡土文化复兴中的启蒙和引导作用。通过教育,逐渐消除对地域乡土文化的误解和轻视,让师生深刻领会其独特韵味,从而树立起自豪的家国意识和文化自信。

梅云华侨中学在文化建设中,结合办学历史和高品质学校建设的实际提出了学校文化建设的工作思路。

梅云华侨中学创办于1958年，是一所区直属的全日制中学。学校前身为梅云农业中学，1974年改称梅云中学，1992年因海外侨胞捐资扩建、改建校舍而易名为梅云华侨中学。学校现占地面积53 99平方米，校舍建筑面积19 206平方米。校内环境清幽，绿树成荫，鸟语花香，是求学的理想场所。2010年以来，作为基础薄弱学校的梅云华侨中学，在规范化、特色化建设的道路上做出了积极的探索，取得了可喜的成效，学校步入提速发展的快车道。学校根据自身地处城乡接合部，"生源学生"[①]的特点，确定了以文明礼仪为中心的特色项目建设，并在2018年提出了"尚礼"特色建设方向。随后，学校以"笃学励志，尚礼立德"为特色教育理念，强化"尚礼立德，培根铸魂"的价值追求，将学校精神文化建设、环境文化建设、制度文化建设和行为文化建设作为重点工作内容，用心打造学校文化。

一、大力加强精神文化建设

（一）深化"崇德尚贤，知荣明礼"的校风建设

1.继续完善校史馆陈列设置；

2.开发学校校史校本教材；

3.优化"杏坛梅花奖"活动；

4.设立、开展校庆纪念日活动。

（二）落实"严谨敬业，和谐拓新"的教风建设

1.建立"尚礼之师"师德师风教育体系化课程；

2.完善新时代教师听评课制度；

3.建立学校教师定期教学基本功评比制度；

4.开展科组文化建设，建立"尚礼科组"教研组评比制度。

---

① "生源学生"是指招生范围内的学生（本地生源），不包括外来人口（借读生）。

（三）抓好"求实文明，勤学进取"的学风建设

1.建立学生素质综合评价机制；

2.建立学年学生"尚礼之星"评价机制；

3.开发学生"周末德育作业"课程；

4.开发学生生涯教育校本教材。

（四）加快规范化、制度化、特色化的班风建设

1.建立"尚礼班级"建设评价标准；

2.开展班名、班训、班歌、班徽、班级口号设计及展示活动；

3.完善班级自主管理制度化、规范化工作。

二、大力加强环境文化建设

1.校园环境优化：（1）操场西围墙边花圃升级改造，增加定制景观，开发学生"劳动实践园地"；（2）宜芳楼下架空层增设学校特色文化展示区；（3）全面升级、安装各班级名片展示牌；（4）优化主校道文化氛围布设；（5）足球场文化氛围优化。

2.开发网络道德礼仪规范校本教材。

3.继续完善"五线归一"的安全组织体系建设。

4.参加"绿美校园""文明校园""诚信校园""平安校园""书香校园"等创建活动。

三、大力加强制度文化建设

（一）健全学校管理机制

1.召开教代会，修订和完善学校章程；

2.修订、完善学校人员岗位职责；

3.重新修订学校制度汇编。根据新形势下政策要求和学校发展的需要修订科学完备的管理制度，体现学校倡导的价值取向，并汇编成册，内容包括学校章程、发展规划（3—5年）、校务管理制度、德育管理制度、教学管理制度、学生管理制度、教师管理制

度、评价管理制度、财务管理制度、安全管理制度、卫生管理制度等。

（二）建立民主监督运行机制

通过重大事项民主审议、重大决定集体表决、重要制度先宣传再执行、执行过程要监督、执行情况要公示、执行结果要考核等方式形成良好的运行机制。

（三）完善家校社协同育人机制

1.开发家长学校活动课程；

2.完善常规家访制度；

3.健全和完善家长委员会制度；

4.定期开展"校园开放日"活动。

四、大力加强行为文化建设

（一）建立师生行为规范体系

1.制订学校管理者（包括校长、中层领导）行为规范。内容可涵盖顺应学校发展方向的制度建设行为、与学校育人目标相适应的课程建设行为、有利于提高师生生命质量的教学组织行为、创设师生和谐发展关系的协调行为、为人师表的示范行为、不倦探索的创新行为等，严格规范自身的管理行为。

2.制订教师行为规范。落实《新时代中小学教师职业行为十项准则》的要求，结合培育"尚礼之师"目标，制定教师行为规范，包括教学行为、学习行为、交往行为等方面内容，促进教师业务技能、人文素养、职业道德与职业精神全方位的成长，将学校尚礼文化融入其中，最大限度发挥尚礼文化对教师的引导、规范和激励作用，使教师成为行走在校园里的文化符号。

3.制订学生行为规范。按照《中小学生守则》《中（小）学生日常行为规范》等有关规定要求，结合学校"尚礼少年"培育目标、完善、修订校规及学生行为规范，对学生校内学习、人际交往、活动实践、文化娱乐等各方面的行为进行指引和规范，着力加强社会主义核心价值观、中华优秀传统文化、革命传统、生态、法治、安全、健康、科普、文化艺术、心理健康等教育，重点抓好学生的道德习惯、节俭习惯、礼仪习惯、生活习惯、学习习惯、劳动习惯和遵纪守法习惯的培养，在学校尚礼文化的浸润下形成良好的学生行为文化。

（二）构建全新课程文化体系

全面贯彻国家课程方案和课程标准，结合高品质学校课程及课堂改革，在课程组织、课程建设、课程实施过程中，以"以人为本、尚学达礼、实践创新"为课程目标，建设体现学校核心价值追求、服务学生核心素养发展的梅中特色的课程体系（如表4-1至表4-3所示）。通过建设、加强师生的校园文化品牌意识的教育，进一步充实学校文化元素、丰富学校文化内涵。

1.国家课程系统化。

表4-1　梅云华侨中学课程体系

	基础课程				
培育人格	"仁"	"体"	"礼"	"悦"	"智"
培育目标	仁、义	形、体	言、礼	怡、悦	睿、智
	品格社会	运动健康	语言人文	艺术审美	数学科技
国家课程系统化	道德法治 综合实践 ……	体育 足球	语文 英语	音乐 美术	数学 物理 化学 生物 ……

2.校本课程特色化。

表4-2 梅云华侨中学校本课程

校本课程		
类别	课程目标	课程内容
健身	强身健体、卫生保健	花式跳绳、篮球、足球、健身操……
博知	丰富知识、开阔视野	梅中校史、学生礼仪、足球礼仪、经典诵读、英语沙龙、播音主持……
艺苑	艺术熏陶、愉悦性情	音乐、美术、书法、舞蹈、器乐……
巧手	传承文化、锻炼技能	剪纸、陶艺、版画……
修心	互助互动、健康心灵	心灵泥塑、沙盘游戏、团体辅导……
拓思	启迪思维、开拓创新	围棋、象棋、魔方、创客、3D打印、编程……

3.主题活动课程化。

表4-3 梅云华侨中学主题活动

主题活动	
课程类别	课程内容
仪式课程	升旗仪式、入团离队仪式、开学典礼、百日誓师、毕业典礼……
活动课程	主题教育活动、综合实践活动（研学旅行）、科技节、读书节、艺体节……
节日课程	传统时令（清明、端午、中秋、重阳、春节……）；重要节日（劳动节、儿童节、"七一"、建军节、教师节、国庆节……）
家长课程	家长会、家长学校、家长义工、校园开放日……

五、工作安排

（一）第一阶段：宣传动员，制定方案（2023年3月）

按照区教育局关于加强校园文化建设活动的目标要求，制定创建工作方案和推进计划，为提升工程提供有效指导和切实保障。召开学校动员大会，充分利用多种宣传形式，加大对全面加强校园文化建设的意义和目的的宣传，营造良好的建设氛围。

（二）第二阶段：组织实施，开展工作（2023年3月—2023年12月）

学校根据实施方案，进行对标建设，逐步完善软硬件条件，有计划、有重点地落实工作任务。学校将成立工作领导小组，不定期开展专题督导，确保学校各项工作充分到位。

（三）第三阶段：巩固提升，反思总结（2024年1月—2024年12月）

对全面加强校园文化建设工作进行检查总结，查短板、补不足，务必将工作落实到位并取得显著成效，使学校文化品位明显提升，成为学校高品质建设的响亮品牌。

（二）保护并彰显乡村个性特征

乡村学校及其师生具有独特的个性特征。与城市学校相比，乡村孩子可能更加朴实、自由，而乡村师生所面临的压力相对较小。然而，这并不意味着乡村教育可以忽视规范性。相反，乡村学校应当非常注重学生行为礼仪教育，通过各种形式的活动引领孩子，使他们的精神生活既充实又快乐，同时充满高尚的情操。与城市学校相比，乡村学校在教育资源上可能存在不足，但乡村孩子所拥有的丰富多彩的童年记忆和生活体验是宝贵的教育资源。因此，乡村学校在教育过程中应当充分利用这些资源，为孩子提供更加丰富、多元的教育体验。

校长在学校文化建设中扮演着关键角色。他们需要从外部审视学校的现状与需求，进行充分的学习、思考和研究实践。只有这样，才能确保学校文化建设既顺应外部世界的发展趋势，又符合师生的实际需求，为师生营造一个充满浓郁文化氛围、厚植多元人文底蕴的学习环境。

教师是地域乡土文化传播的重要力量。他们不仅承载着传授知识的使命，更肩负着传承和发扬地域乡土文化的责任。通过教师的努力，地域乡土文化得以在校园中广泛传播和深入人心。

揭阳的传统文化中，非物质文化遗产（非遗）如武术、英歌舞、青狮、玉雕等，都具有较大的影响力。梅云华侨中学为使非物质文化遗产（非遗）在学校生根发芽、开花结果，该校在参与道德讲堂的基础上，深入挖掘本地乡土文化，开发了英歌舞校本课程，并积极组建梅云华侨中学英歌队，为其提供训练和表演的平台。这不仅弘扬了本土优秀传统文化，也展现了学生积极向上、朝气蓬勃的精神风貌。该校英歌队于2023年11月受邀到北京国家会议中心参加国际潮汕青年联谊会表演，近期两次受揭阳市文化局邀请参加全市义演活动。

图4-1 梅云华侨中学英歌舞

图4-2 梅云华侨中学英歌舞队员合影

（三）凝练并践行办学理念

乡村学校的发展和师生气质深受所处地域乡土文化的影响。因此，在培育学校特色文化的过程中，必须寻找地域乡土教育的根脉，并在传承中实现古代教育文化与当前学校教育的有机融合。结合地域乡土教育文化传统以及学校自身的特色和优势，根据当地师生的思维方式和行为习惯，以地域乡土文化精神来凝练学校的办学思想、校风、教风和学风。这样不仅可以形成独特的办学理念和办学方向，还能孕育出新的学校精神和办学思想。

为了彰显地域乡土特色并丰富学校的人文底蕴，学校需要立足国际视野，跟随时代发展步伐，结合学段特点和师生需求对地域乡土文化进行全面研究和挖掘。通过甄选出"人无我有、人有我优、人优我特"的地域特征并进行深入研究和应用，学校可以打造出独具特色的校园文化、校本课程和社团活动，从而在实现学校特色发展目标的同时，也为地域乡土文化的传承和发展贡献力量。同时，学校内部各个层级的文化建设也不容忽视。年级部文化、教研组文化、办公室文化等的建设既体现了共性发展又彰显了个性追求。这些文化建设举措不仅为师生营造了温馨和谐的生活、工作与学习环境，还为学校的持续发展提供了强大的精神动力和支持。通过举办各种评选表彰活动，如"老师您的教育我崇拜""感动校园新闻人物"等，学校可以涌现出一大批先进个人和集体，进一步弘扬"敬业、奉献、团结、创新"的精神风尚，为学校的发展注入不竭的动力和活力。

五所试点学校在重新凝练办学理念过程中，榕东中学根据实际需求，提出了悦享教育办学理念。以下是该校的改进过程。

一、建设主题

图4-3 榕东中学鸟瞰图

榕东中学是榕城区一所全日制初级中学,学校地处城乡接合部,是榕城区一级学校。其前身为"燎原中学",始办于1967年,2004年搬迁新校址并更名为"榕东中学",学校占地面积26 680平方米,建筑面积13 562平方米,生均建筑面积9.1平方米,有教学楼4栋,综合楼1栋。学校现有34个教学班,1 761名学生,教职工141人。师生思想复杂,学生有三分之一外省务工子女,生源个性差异大,读书氛围不浓。因此,学校的办学理念主要侧重于提高学生的学业成绩,以应试为主要目标。然而,这种教育理念往往忽视了学生的学习体验和心理需求,导致学生缺乏学习兴趣和动力。为了改变这一现状,学校顺应时代潮流,积极更新办学理念。将"悦享教育"作为新的追求,形成了"悦享成长之乐,绽放人生精彩"的办学理念和"励志、笃学、创新、图强"的校训。实施"快乐、分享"的特色教育,提出"培育品学兼优学子,成就幸福工作名师,建设特色发展校园"三个层面的发展目标。通过以人为本的教育,提高人的整体素质,建设和谐快乐的文化校园;引领师生幸福发展,让全校师生在多元统一、追求卓越的个性化成长过程中,全面展现"悦学、乐教、共享、合作"的文化魅力与不懈追求。

二、建设思路与过程

悦享教育的内涵:悦享教育强调以学生的兴趣和需求为出发点,通过营造愉悦的学习氛围和提供丰富多样的学习资源,激发学

第四章 措施优化

生的学习兴趣和主动性，让他们在快乐中获得知识和技能。悦享教育理念的实施如下。

(一)明确定位，更新理念

榕东中学其前身为"燎原中学"，始办于1967年，2004年搬迁新校址并更名为"榕东中学"，学校地处城乡接合部，教师队伍稳定，老龄化严重，平均年龄为47岁，办学历史悠久。岁月的积淀，时光的流逝，留下了淳朴的教风，但教师主动学习精神不足，在适应新教育理念和方法上还存在一定的困难，教师专业发展理念缺失，也固化了老师们的教育方法，无法与新时代接轨。学生的个性化、多元化发展能力弱，为推动学校的高品质发展，在广州第二师范学院对口帮扶专家组的指导下，经过与专家、退休老教师的交流、探讨，到名校进行实地走访，结合本校实际，进一步创新思路，重构了学校办学理念。

2021年，在专家的指导下，学校的一训三风实现由碎片化向系统化转变，形成了"悦享成长之乐，绽放人生精彩"的办学理念和"励志、笃学、创新、图强"的校训。

图4-4 榕东中学理念石

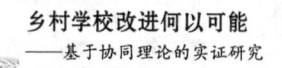

办学理念：悦享成长之乐，绽放人生精彩

校训：励志、笃学、创新、图强

校风：团结、勤奋、健康、文明

教风：敬业、爱生、善导、求精

学风：刻苦、好学、严谨、求真

光阴荏苒，薪火传承。历史的脚步清晰凝重，文明的传承绵延不息，"团结、勤奋、健康、文明"之校风蔚成。

校园里的一砖一瓦、一草一木、一桌一椅……无不记载着各级领导、校友、乡贤曾经的辛勤与汗水。于是，"励志、笃学、创新、图强"之校训我们永志不忘。

承前启后、继往开来，历史的重任，激励我们勇毅前行，发扬"敬业、爱生、善导、求精"之教学精神。

今天的青少年学子，生逢盛世，肩负着中华民族走向伟大复兴的历史重任，更应珍惜美好年华，奋发有为，弘扬和践行社会主义核心价值观，从我做起，从现在做起："刻苦、好学、严谨、求真"（学风）。

（二）思想引航，重塑校园

"悦享教育"理念，培植"爱"的学校文化，"多问几个如果"，创设多样交流互动开放式平台。共情、尊重、赏识，给师生成就，让人生中有亮光。

1.润物无声，营造氛围

迈入榕东中学的大门，迎面而来的是学校主干道上设立的"一训三风"文化石，体现了以"悦享"为核心的校园文化理念。漫步校道，实验楼、图书楼、教学楼、体育馆错落有致；足球场、篮球场、录播室、阅览室设施齐全。各楼之间，花草树木遥相呼应、四季常绿；各室之间，网络设备配置先进、一应俱全。整齐的行道树、如茵的绿草坪、图文并茂的宣传栏，无不彰显着校园特色文化，营造了浓郁的文化氛围。

"随风潜入夜，润物细无声。"学校组织师生广泛参与校园楼宇、道路、景点的规划、建设、命名以及管理工作，挖掘学校的办学积淀，通过教师、学生的交互作用，融合先进思想、道德、优秀传统文化和校本教育资源，把"悦享教育"与校园文化建设相融合，大力营造"悦享"文化氛围，形成了"一路一厅一园+四广场"的校园文化建设规划。

（1）"一路"即"悦美路"，以校训文化石为中心的入校主干道，以文明教育为主要内容；

（2）"一厅"即"校史厅"，设在行知楼一楼中央大厅，作为学生德育和人文教育的基地，开展感恩教育、励志教育；

（3）"一园"即"悦读园"，在教学楼前花园以呈现中华传统美德为内容，让学生得到高尚道德行为熏陶；

（4）"四广场"即党史文化广场、悦创广场（科技创新广场）、励志广场、悦雅广场（艺体广场）。

同时，营建具有鲜明特色的"悦读书吧"、科组文化、班级文化、走廊文化、墙壁文化，努力培育特色鲜明的高品位的校园文化，形成了一砖一墙皆文化，一草一木皆教育的局面，使校园成为工作、学习、休憩的理想育人场所。育人环境处处彰显"悦享"文化理念，让浓郁的文化气息飘溢整个校园，提升学校的文化底蕴。精神文化的高位引领，既体现了学校整体的团结奋进、砥砺前行，又彰显了师生个性成长过程中的发展愿景，力求建成既充满生机活力，又促进学生全面发展的高品位有特色、典雅宁静的精品校园。

图4-5 榕东中学功能场室

2.书香袅袅，触发心灵

"腹有诗书气自华，最是书香能致远。"学校积极推进读书工程，营造高雅的文化气息。在教师层面，成立校本研修工作室，实施"读书伴我成长"的校本研修方案，使教师"在读书中丰富自己，在读书中成长自己，在读书中悦纳自己"，要求教师关注更多的教育类专著，不断地用专家的思想引领自己的业务，从而促进教师专业化成长。通过"走出去、请进来"，加强教师培训学习，鼓励教师开展课题研究，提高教师队伍的专业素养。营建教师"悦读书吧"，购置充足的教师业务类藏书，供教师阅读，尤其是在中青年教师群体中形成广泛阅读的氛围，创建"读书—实践、反思—提高"的教师校本研修基本模式。

图4-6 榕东中学读书项目展示

在学生层面,实施"我读书,我快乐"的活动。学校通过一系列精彩纷呈的读书活动,让学生感受书本的魅力,享受读书带来的乐趣。如在七年级开展国学经典诵读活动,八、九年级开展"名著阅读"读书系列活动,让学生传承经典,愉悦身心,共享文化盛宴;全校开展"书香班级"创建活动,大力推进"晨诵"和"午读",让学生汲取知识,陶冶情操,共建精神家园;举办学生朗读比赛、读书分享会、课本剧表演等各种语文特色活动,评选"读书之星""乐读小达人",让学生各尽其能,各显神通,共享读书乐趣。运用多种方式,开辟多种渠道,促使学生"热爱读书,快乐习作"。

3.规范课堂,注重实效

依照《课堂教学基本要求》,让学生主宰课堂,让学法指导走进课堂,让生活走进课堂。常态课要求规范化,优质课体现特色化。通过课堂教学主阵地,狠抓教学质量的提升。"它山之石,可以攻玉",通过多次磨课、炼课活动,优化课堂教学模式,形成一种符合新课程标准要求的课堂教学流程和教学设计,提升教师课堂教学设计的艺术。以建设高效课堂、实施课堂观察、举行教学比赛等为主要手段,深化课堂教学改革,提升课堂教学水平和效率。开展学科大教研、展示课、同课异构、教学基本功比赛课等活动，加强研讨，相互学习，共同提高。学生在参与中体验学习的乐趣。同时，学校倡导互动式、合作式的教学方式，鼓励学生积极参与课堂讨论和小组活动，培养他们的合作精神和创新能力。

4.展示个性，彰显特色

学校创建丰富多彩的主题活动，以促进教育管理水平的提高。例如，5月份的"校园科技节"、10月份的"校园书香节"、12月份的"校园艺体节"，这些活动以"节日"的形式隆重展开，每一项活动都有的放矢，有章有序，有效开展。这些活动不仅培养了学生的科技兴趣、养成良好的读书习惯，还提高了学生的艺体品质，促进学生的身心健康。"问渠那得清如许，为有源头活水来。"正如曾希展校长所言："校园有了体育，身体才会更加强健；校园有了文化，底蕴才会更加深厚；校园有了艺术，精神才会更加灵动。"通过"校园三节"主题实践活动的顺利开展，为学生的个性发展创设了广阔的空间，彰显了校园特色文化，丰富了学生的课余生活，增强了他们的归属感和幸福感。

图4-7 榕东中学学生科技活动

三、结果与反思

在高品质学校专家组的帮扶下,榕城区教研室的指导下,学校深入贯彻落实新的办学理念。两年来,学校先后获得"第三批榕城区特色学校""榕城区更高水平安全文明校""榕城区校园文化建设示范校""榕城区优秀备课组(数学)""榕城区首批书香校园""榕城区'画里榕城'手抄报活动优秀组织奖""榕城区'爱国故事我来讲'朗诵活动优秀组织奖""榕城区四星党支部"等区级荣誉8个;"揭阳市中小学幼儿园教师信息技术应用能力提升工程2.0试点校""揭阳市卫生示范单位""揭阳市中小学校示范教研组(数学组)""揭阳市校园文化建设示范校""揭阳市五四红旗团支部"等市级荣誉5个;"广东省绿色学校""广东省校本研修示范培育学校"等省级荣誉2个。两年来,学校办学质量得到了较大的提升,全体师生踏上了幸福成长的快车道。

图4-8 榕东中学近年荣誉

榕东中学通过办学理念的更新，实施悦享教育取得的成果和影响，可以看到办学理念更新的重要性及实施过程的关键要素。在实际操作中，学校需要结合自身特点和实际情况，制定切实可行的实施方案，并注重师资培训、课程设置、校园环境建设等方面的综合推进。未来，我校将继续深化悦享教育的探索与实践，不断完善和优化教育体系，为学生的全面发展提供更加优质的教育环境。同时，我们也希望与更多的学校和教育机构共同交流、学习，与家长、社区加强合作与沟通，共同推动教育事业的发展。

（四）规划学校发展

在明确学校特色文化方向之后，制定一份详尽的发展规划显得尤为重要。这不仅涉及短期、中期以及长期目标的设定，还包括为达成这些目标所必需的资源分配、课程开发、教师培训以及设施改善等方面的详细规划。在协同小组的引导下，五所试点学校在规划过程中广泛征集了教师、学生、家长乃至社区成员的意见，这一做法确保了规划的合理性与可行性。同时，榕城区教育研究室对这些试点学校的规划实施情况进行了有效的监控和评估，确保能够及时发现并解决问题。通过这样科学的规划，学校能够确保其特色文化建设的持续性和系统性，从而为学校的长期发展打下坚实的基础。

此外，规划还应注重与时俱进，紧跟教育改革的步伐。学校应定期审视和调整发展规划，以适应社会变化和教育发展的新趋势。通过不断创新和完善，学校特色文化将更具活力和影响力，为培养具有地域特色和国际视野的新时代人才提供有力支撑。

二、乡村特色课程建设

（一）构建育人导向的课程体系

学校是传承中华优秀传统文化的重要基地，课堂则是地域乡土文化教育的核心平台。在影视剧、网络文学和游戏等现代媒介的普及下，青少年已经开始接触传统文化。然而，这种接触往往停留在表面，缺乏对地域乡土文化深层次的理解和认同。因此，学校需要构建完善的地域乡土文化课程体系，并采用现代化教学手段，如信息技术、互动式学习和项目式学习，以提升教学效果和激发学生兴趣。

为了深入领略地域乡土文化的丰富内涵和独特魅力，学校应通过以下多方面协同努力：精心营造校园环境，使之成为体现地域文化的重要载体；组织多样的文化活动，让校园每个角落都散发出乡土的气息；设计课程以拓展和深化乡土知识，帮助学生建立与乡土文化的深厚情感联系；加强教师培训，强调对地域乡土文化的深刻理解和有效传承，使教师成为传播乡土文化的有力使者；此外，社团活动也应围绕乡土主题展开，让师生在参与中深切感受乡土文化的魅力。

> 例如，莲花学校特别注重挖掘社会教育资源，不仅组织学生参观揭阳学宫、丁氏光禄公祠、揭阳文化广场等教育基地，还特邀来自医院、科技馆、银行等的专业人士以及交警、关工委老同志、民间艺人、优秀学生家长等走进校园，为学生带来别开生面的课堂体验，从而加深学生对乡土文化的理解与热爱。

（二）校本课程开发：因地制宜，突出特色

校本课程的建设是乡村特色教育发展的核心，它在突出地方文化特色和满足教育需求方面扮演着至关重要的角色。学校应深挖所处地区的地域特色和乡土文化精髓，结合学校实际情况，创设具有浓郁地方特色的校本课程体系。

> 揭阳师范附属小学通过长期实施的经典诵读课程和南国中草药课程，成功地将地方文化特色与教育需求相结合，成为了校本课程建设的佳例。特别是学校专门设立的"杏和园"中草药劳动实践基地，让学生们有机会亲手种植、采摘及加工潮汕地区的中草药，这不仅锻炼了学生的劳动实践能力，还让他们亲身体验到中草药文化的奇妙魅力。这种寓教于乐的学习方式极大地丰富了教学内容，激发了学生的学习兴趣，增长了知识，拓宽了视野，并让学生们深刻感受到乡土文化的独特魅力。
>
> 莲花学校为传承和弘扬工夫茶这一中国非物质文化遗产所做的努力也同样值得称道。学校邀请了本地资深茶艺师进校进行示范教学，让学生们不仅学会了功夫茶的制作技巧和各种茶的泡法，还在品茗过程中领略到了其独特的文化韵味。通过组织各类文化活动，学校进一步加深了学生对工夫茶文化的理解和感悟，为学生未来传承和弘扬这一文化瑰宝打下了坚实的基础。

当然，校本课程的开发是一个持续优化和调整的过程。学校需紧跟新时代教育的发展趋势，关注师生的生活习惯变化，及时更新课程内容和教学方法，确保校本课程始终保持其时代性和活力。通过这样的不懈努力，校本课程将更好地服务于学生的全面发展，促进学生对地方文化的认识和传承，从而为培养具有深厚文化底蕴和社会责任感的新一代做出贡献。

（三）根据学校实际灵活安排长短课

在乡村特色课程建设中，学校应根据自身实际情况和学生需求，灵活安排长短课。长课可以为学生提供更充分的学习时间和探究空间，适用于需要深入学习和实践的课程；而短课则可以为学生提供更多的课程选择和体验机会，适用于需要了解多种知识和技能的课程。通过长短课的结合，旨在满足学生的个性化需求，提高学生的学习效果和综合素质。

古溪初级中学作为第二批荣获"全国青少年校园足球特色学校"称号的乡村学校，不仅在足球推广、教学及比赛方面实施了创新的长短课教学模式，更在篮球、乒乓球、武术、书画、围棋、音乐等多元社团活动项目中精耕细作，较好地将学生的知识学习、体育锻炼和艺术修养融为一体。在协同小组专家的悉心指导下，学校明确了"足智教育"作为构建高品质学校的核心理念，并全方位贯彻这一办学特色。通过积极响应国家"双减"政策，学校在减轻学生课业负担的同时，着重提高课堂教学效率，努力营造"足智育人 魅力古中"的特色校园文化氛围。这一系列举措旨在增强教育工作的针对性、实效性和长效性，推动乡村学校教育工作全面协调可持续发展，进而为学生的全面发展和未来成长奠定坚实而稳固的基础。

（四）建立完善的校本课程教学评价体系

为了确保乡村特色课程的建设质量和实施效果，学校需要建立完善的校本课程教学评价体系。该体系应包括课程目标、课程内容、教学方法、教学资源、学生表现等多个方面。通过定期的教学评价，可以及时发现课程存在的问题和不足，为课程的改进和优化提供有力依据。同时，教学评价还可以激励教师不断改进教学方法和手段，提高教学水平和质量。最终，通过教学评价体系的建立和完善，旨在推动乡村特色课程的持续发展和提升。

三、乡村教育情怀培养

陶行知先生曾深刻指出，学校是乡村的中心，而教师，则是学校和乡村的灵魂。这一论述不仅突出了教师在乡村教育中的核心地位，更强调了教师所拥有的教育情怀对乡村发展的深远影响。

教育情怀，是每一位教育工作者在追求教育真谛、实现自我价值过程中的一种内心体现。它超越了物质利益的追求，表现为对教育事业的无限热爱和对学生的深沉关怀。这种情怀是教师职业的灵魂，是教师能够持续给予学生精神指导、心灵启迪和人性关怀的动力源泉。

在乡村教育的特定背景下，教师的教育情怀显得尤为珍贵。教育情怀是他们坚守岗位、献身乡村教育的内在动力。这种情怀体现了他们对乡村学生的深厚感情，对乡村文化的尊重与传承，以及对乡村未来发展的责任感与使命感。正是这份深厚的教育情怀，支撑着他们在艰难中坚守，用知识和智慧照亮乡村孩子们的未来之路。乡村教师的教育情怀不仅是他们个人品质的体现，更是乡村教育振兴不可或缺的精神力量。

为了进一步加强乡村教师队伍建设，提升教师的教育情怀，《教育部等六部门关于加强新时代乡村教师队伍建设的意见》明确提出了一系列具体措施。其中特别强调要培育乡村教师的爱生品质，要求他们特别关注留守儿童、特殊困难学生，通过家访、谈心等方式，深入了解学生的生活和心灵世界，帮助他们健康成长。同时，文件还指出，乡村教师应加强与家长的沟通交流，指导家庭教育的开展，形成家校共育的良好氛围。乡村教师作为新乡贤的代表，应发挥示范引领作用，通过自身的言行影响乡风文明建设，促进乡村文化的振兴。

从国际经验来看，无论是欧洲中部还是其他发达国家的落后地区，其发展都离不开本土实践的探索和现代知识的应用。乡村教师在这一过程中扮演着至关重要的角色。他们不仅是知识的传播者，更是乡村文化振兴的引领者。他们通过自身的教育情怀和专业素养，将现代知识与本土实践相结合，为乡村发展注入新的活力和动力。

因此，协同小组领导充分认识到培养乡村教师的教育情怀极为重要，必须通过各种途径和方式激发他们对教育事业的热爱和对乡村发展的使命感。只有这样，国家才能真正实现乡村教育的振兴，让每一个乡村孩子都能享受到公平而有质量的教育。

四、乡村校园环境优化

（一）恢复和保护传统特色建筑

乡村学校往往承载着深厚的历史文化底蕴，许多学校都拥有具有传统特色的建筑或场所。为了保护和传承这些宝贵的历史文化遗产，我们应该积极修复这些传统建筑，并将其作为学生学习传统文化的重要场所。例如，梅云华侨中学通过校史室的建设，不仅让新生了解学校的发展史和校友的先进事迹，更将学校的校史室打造成了一个激励师生奋发向上的教育基地。同时，在这些传统建筑群中设立图书馆，展示丰富的传统文化资料，让学生在日常学习中更直接地感受到传统文化的魅力，从而增强对传统文化的认同感和自豪感。

（二）校园绿化，还原自然美景

乡村学校拥有得天独厚的自然资源，应充分利用这一优势进行校园绿化和美化工作，如巧妙利用学校周边的山水、田野、果树等元素，创造出既美观又有教育意义的校园环境。这样的绿色环境不仅有助于学生身心的放松，还能激发他们对自然的热爱和对生态保护的意识。例如，古溪初级中学，结合学校所处地域的地形地貌，在校园绿化、净化方面取得了显著成效，不仅提升了校园环境品质，也为学生提供了一个更加宜人的学习和成长场所。

（三）根植校园文化，注入地域特色

地域文化作为乡村学校的独特资源，具有不可估量的价值。在榕城区教育局的积极引领下，部分学校已开始探索将地域文化巧妙地融入学生的校园生活。通过精心设计的研学课程，学生有机会亲身参与农耕体验，亲手制作传统手工艺品，并深入学习地方风俗，从而深刻领略地域文化的独特魅力。此外，学校还邀请本土艺术家和手工工匠走进校园，进行现场讲授和技艺展示，如精湛的潮绣艺术和韵味无穷的工夫茶文化等，这不仅有效地促进了文化的传承，更让学生在亲身体验中感受到传统文化的深厚底蕴。这些丰富多彩的活动，不仅有助于增强学生的文化认同感和归属感，更能激发他们的创新精神，提升其实践能力，为他们的全面发展奠定坚实基础。

（四）设计和布局富有人文精神的教室环境

教室是学生学习的主要场所，其环境设计与布局直接影响着学生的学习效果和心理状态。为了营造富有人文精神的教室环境，一些试点学校设立了主题教室，如国画教室、书法教室、围棋教室、茶艺教室、潮绣教室等。这些教室不仅装饰精美、氛围浓厚，还将传统文化与课程紧密结合起来，让学生在学习过程中无时无刻不感受到传统文化的影响和熏陶。这种沉浸式的学习体验不仅能够提高学生的学习兴趣和专注力，还能培养他们的审美情趣和人文素养。

第二节 提高质量

教学质量是学校的生命线，是办学品质的具体体现。没有质量，学校的教育就如同没有灵魂的躯壳，无法为学生提供真正意义上的成长与发展。教学质量不仅关系到学生的学习成效，更影响到他们未来的人生轨迹和社会竞争力。

一、确保课堂教学有效

有效教学是指符合教学规律、有效果、有效益的教学活动。具体来说，它强调乡村教师在教学过程中能够根据学生的实际情况和需求，采用恰当的教学方法和手段，帮助学生掌握知识、提高能力，并实现全面发展的教育目标。有效教学的核心在于学生的进步和发展，而不仅仅是教师完成了教学任务。

由于五所试点学校都在教学资源、师资力量等方面相对薄弱，学生的学习条件和机会也相对较少。因此，通过有效教学来提高学生的学习效果和质量，对于乡村学生的成长和发展具有更为重要的意义。同时，有效教学也是推动乡村教育振兴、提高乡村教育质量的重要途径。

为了引导试点学校的教师提高课堂教学的有效性，专家组与榕城区教育局教研室的教研员全力辅助学校做好以下几方面的工作。

（一）加强教学管理，营造良好的学习氛围

建立良好的教学秩序，确保教学活动的正常进行；加强班级管理，避免外来不良因素的侵扰，让学生专注于学习；同时，教师也要以身作则，严格遵守教学规定，为学生树立良好的榜样。

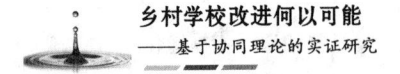

（二）提升教师的专业素养和教学能力

加强教师的培训和学习，提高教师的教育教学水平和能力；鼓励教师进行教学研究和探索，不断创新教学方法和手段；同时，建立有效的激励机制，激发教师的教学热情和积极性。

（三）关注学生的实际需求和学习特点

乡村学生与城市学生在家庭背景、学习习惯等方面可能存在差异，因此教师需要更加关注乡村学生的实际需求和学习特点，采用更加贴近学生生活的教学内容和方式，激发学生的学习兴趣和动力。

（四）强化教学评价和反馈机制

建立完善的教学评价体系，对教师的教学效果进行客观、公正的评价；同时，建立有效的反馈机制，及时将评价结果反馈给教师本人，帮助教师了解自身的教学优缺点，以便进行针对性的改进和提高。

榕东中学始终以提高教育教学质量为核心目标，严格遵循《揭阳市中小学教师教学常规要求（2022修订）》《揭阳市中小学听课评课制度》以及《实验课管理考核办法》等相关教育教学制度。这些制度的实施，旨在引导教师以高度的责任心和专业素养，精心准备并上好每一节课，确保课堂内容的丰富性和教学方法的有效性，同时关爱每一位学生，促进他们的全面发展。

在学生管理方面，榕东中学注重学生的手机使用、睡眠时长、读物选择、作业量以及体质健康等多个方面的综合管理。学校通过规范考试和学业质量监测，确保评价体系的科学性和公正性，从而真实反映学生的学习成果和教师的教学效果。此外，学校还致力于提升课后服务质量，为学生提供更多元化、个性化的辅导和指导，以切实减轻学生过重的作业负担。

为了进一步营造良好的育人环境，榕东中学积极落实《作业公示制度》《课外读物管理办法》等相关规定及制度，确保教育教学工作的透明度和规范性。同时，结合《榕东中学书香校园实施方案》，大力推广阅读文化，营造浓厚的读书氛围，让学生在书香中启迪智慧、陶冶情操。

二、充分利用数字资源

乡村学校的高质量发展，需要获取更优质的教育资源和智力支持。教育部开发的数字资源是乡村学校改进和特色建设不可或缺的资源。在本项目研究中，协同小组为试点学校提供数字教材平台的教学应用、微课平台操作使用、精准教学评价平台的使用等信息，引导试点学校的校长和老师结合本校实际使用好国家资源。

一是弥补资源不足：乡村学校通常面临教学资源相对匮乏的问题，包括优质师资、教学设备、图书资料等。数字资源具有共享性、开放性和无限性等特点，可以弥补这些不足，为乡村学校提供更多、更优质的教学资源。

二是拓展教学内容：数字资源可以涵盖更广泛的知识领域和更新速度更快的信息，有助于拓宽乡村学生的知识视野，提高他们的综合素质和竞争力。

三是提高教学效率：数字资源具有便捷性、高效性和互动性等特点，可以提高教师的教学效率和学生的学习效果。例如，教师可以利用数字资源进行备课、授课、布置作业等，学生可以利用数字资源进行自主学习、在线交流等。

四是缩小城乡教育差距：通过利用数字资源，乡村学校可以接触到更多的先进教育理念和教学方法，逐步缩小与城市学校之间的教育差距，推

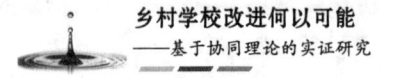

动教育公平。

五是榕城区教育局尽一切力量解决教育数字化过程中遇到的实际困难，如技术设备不足、教师信息素养不高、网络条件有限等，为更好地利用数字资源创造条件。

> 例如，揭阳师范附属小学始终坚持以教学为中心，即使在资金紧张的情况下，学校也优先建设了多功能录播室，并分期分批替换了22间教室原有的老旧投影仪设备。如今，所有教室均已安装先进的智慧黑板，并采用希沃平台进行教学，迈进了教育信息化2.0时代。这些举措切实满足了教师的教学需求和学生的学习需求，标志着学校在信息化教学方面迈出了坚实的一大步。

三、加强校家社协同

"三位一体"的教育模式，即学校、家庭和社会在教育过程中形成紧密的协同关系，是提升教育质量与公平性的重要战略选择。在乡村环境下，强化这种模式对于学生的全面发展和健康成长具有显著的助益。

（1）政府作为协同的枢纽，应该承担起调配资源、统筹三方关系的责任。设立专职人员，提供必要的财政支持，以确保三方协作的顺利进行。

（2）学校，作为教育的主实施方，需要进一步发挥自身优势。一方面，可以搭建协同育人平台，联手家庭与社会，共同开发育人课程及实践活动，形成互补的教育资源。另一方面，建立健全的家校合作机制，如设立家长委员会，使家长能更好地参与到学校工作中来。同时，尤其需要注意农村留守儿童家长或监护人的参与，以加强与他们的有效沟通。

（3）与家庭方面的合作，不仅要求学校定期向家长反馈学生情况，还应鼓励家长积极参与到学校的教育活动中来，如定期开展家长会、学校开放日等。让家长了解并接纳学校的教育理念，增强他们对学校工作的支持和信任。同时，学校还应承担起指导家庭教育的责任，通过举办家庭教育讲座、开展家庭教育咨询等方式，帮助家长掌握科学的教育方法，提升教育水平和能力。

更重要的是，协同小组引导、指导试点学校的教师与家长认真学习积极心理学理论，并将其智慧应用于日常生活和教育实践中。通过这种方式，共同努力构建一个充满正能量的家庭环境，培养健康和谐的亲子关系，以及形成积极向上的行为习惯。具体来说，家长和教师可以通过以下几个方面来实现这一目标：一是创建积极的家庭氛围：通过定期组织家庭活动，鼓励开放和诚实的交流，以及展示对彼此成就的欣赏和支持，家长可以有效地营造一个温馨、支持和激励的家庭环境。二是培育积极的亲子关系：家长和孩子之间的互动应当基于理解、尊重和爱。通过积极倾听孩子的想法和感受，以及在决策过程中考虑他们的意见，家长可以增强孩子的参与感和自主感。三是养成积极的行为习惯：家长和教师可以通过表扬孩子的努力而非天赋，鼓励孩子面对挑战和困难时保持乐观和坚持，从而帮助孩子逐步形成积极应对生活的行为模式。通过这些实践，不仅可以帮助孩子建立起强大的心理韧性，还能有效提升他们的自尊心和自信心，同时也促进他们在社交场合中的适应能力和交往技巧。

> 为了进一步丰富学校课程，开拓学生的知识视野，加强与家庭的联系，莲花学校持续完善"学校—家庭—社会"三位一体的教育体系，充分发挥家长参与办学的积极性，使更多家长关注并促进学生的健康成长。近两年来，学校推出了以"莲花雅韵"为主题的大讲堂活动，特邀学生家长为孩子们讲授书法、潮剧、潮绣、安全等方面的课程。
>
> 这个常设的大讲堂活动不仅为学校提供了丰富的教育资源，拓宽了学生们的视野，增加了他们的知识储备，还弘扬了潮汕地区

优秀的传统文化和非物质文化。家长作为专业人士或对某些领域有深入了解的人，他们在分享自己的专业知识和经验的过程中，不仅能够传承和弘扬传统文化，还能够将这些珍贵的文化元素带给孩子们。

通过参与"莲花雅韵"大讲堂活动，家长们得以亲身走进课堂，与孩子们零距离接触。这种亲密的互动不仅让家长们体验到当教师的快乐与艰辛，也拉近了学生、家长和老师之间的距离。家长们实际参与教学过程，不仅增强了对教育的理解和认知，还提高了学校、家庭和社会三方之间的教育合力与协作。

莲花学校此举旨在打造一个共同育人的平台，让家长们与学校共同肩负起培养孩子的责任。通过家校之间的密切互动与合作，学校能够更好地了解每个学生的需求与特点，为他们提供有针对性的教育服务。同时，家长们也能够更加全面地了解学校的教育理念与教学内容，更好地配合学校的工作，促进学生的全面发展。

（4）五所试点学校积极探索与社会资源的整合，共同开发丰富多样的育人课程体系和实践活动体系。通过构建协同育人平台，学校充分利用社区资源，包括地方企业、文化机构和社会组织等，为学生提供更广泛的学习和实践机会，帮助学生建立起与社会实际紧密联系的知识体系和价值观。

四、关注特殊学生群体

在提升教学质量的过程中，特殊学生群体是需要给予特别关注和照顾的重要对象。这些学生可能因为身体、心理或其他特殊原因，在学习过程中面临更多的挑战。因此，学校有责任建立和完善特殊学生的档案管理制度，以便对这一群体的学习进度、生活状况、心理健康等方面进行全面的了解和持续的跟踪。

为了更好地满足特殊学生的不同需求，学校应当针对每位学生的具体情况，采取以下措施。首先，应运用积极教育学原理，培养特殊学生的内在动机，提高他们的学习效率，并在学校及未来生活中帮助他们实现更高的幸福感和成就感。这种教育方式强调发掘和利用学生的个人优势，通过个性化的教学策略，激发学生的学习兴趣和自我驱动力。其次，应运用积极心理学的原理，为特殊学生创造体验乐趣、好奇、希望、感激和自豪等正面情绪的机会。这些情绪有助于增强学生的学习动机和学习效果，使他们在学习过程中感受到成就和满足。再次，学校应为特殊学生制定具体的教学计划和辅导方案。例如，为视障学生提供盲文教材和阅读辅助工具，为听障学生配备手语翻译或助听设备，为学习困难的学生提供个别化的教学支持。这些措施不仅满足了学生的特定需求，还确保了他们在学习过程中获得必要的帮助和支持。通过实施这些针对性的措施，学校能够有效提升特殊学生的学习效果和生活质量，确保每位学生都能在其学习旅程中获得成功和满足。

　　除了教学上的关怀，学校还应当在情感层面给予特殊学生更多的关爱和呵护。这意味着学校需要营造一个温馨、和谐、友爱的校园环境，让特殊学生能够感受到来自师生的温暖和关怀。为此，学校可以通过组织师生互助活动、开展心理健康教育、设立心理咨询服务等方式，帮助特殊学生更好地融入集体，增强他们的社会交往能力和自信心。

　　同时，学校还应加强与家长的沟通与合作，共同关注特殊学生的成长和发展。通过定期的家访、家长会等形式，学校可以及时了解学生在家庭环境中的表现，与家长共同商讨和制定更适合学生的教育和照顾方案。

　　总之，学校在提升教学质量的同时，应当充分考虑到特殊学生群体的特殊需求，通过建立完善的管理制度、制定个性化的教学计划、提供全面的关爱和支持，确保每一位学生都能在学校中获得平等的教育机会和良好的成长环境。这不仅有助于特殊学生的个人发展，也是实现教育公平和促进社会包容的重要举措。

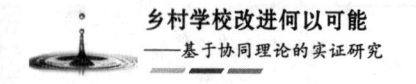

第三节 以评促改

在推进乡村教育振兴的大背景下，以评促改、以评促建、以评促发展成为提升乡村学校办学质量的关键抓手。这不仅关乎教育教学质量的提升，更与乡村振兴战略的深入实施紧密相连。

一、构建合适的乡村学校综合评价机制

（一）乡村学校评价的困境

在追求乡村学校高质量发展的进程中，构建一个全面、科学、综合的评价体系显得尤为重要。这不仅是对学校办学水平的客观衡量，更是促进学校持续进步和创新发展的重要工具。《深化新时代教育评价改革总体方案》的发布为构建这一评价体系指明了方向，强调了学校评价维度应全面覆盖办学方向、课程改革、教师发展、学校管理以及学生发展等多个方面。

（1）资源限制：乡村学校在硬件设施和师资力量上普遍不足，这不仅影响了教学质量，也制约了教师的专业成长。优质的教学环境和师资队伍对提升教育评价质量至关重要，但乡村学校在这方面面临较大挑战。

（2）评价体系过时：由于缺乏政策文件的学习和教育主管部门的指引，乡村学校的评价体系多倾向于过分强调学业成绩，忽视对学生综合素质的评价，导致教育偏向于应试教育而非学生的全面发展。

（3）低参与度：乡村学校的家长和社区对教育评价的参与和重视程度较低，这在一定程度上影响了科学教育评价体系的形成。

（4）缺乏有效反馈：许多乡村学校在完成教育评价后，缺乏将评价结果有效反馈至教学实践的机制，导致无法根据评价结果进行教学调整和优化。

（5）培训及更新不足：乡村学校在教育评价过程中，往往缺乏有效的培训和更新机制，使评价方法难以跟上社会发展和教育理念的变化。

（二）解困策略：构建乡村学校综合评价机制

为了克服上述困境，乡村学校的综合评价机制应充分考虑乡村教育的特性和需求。具体包括如下策略。

（1）办学方向：关注学校是否与乡村振兴战略紧密结合，评价学校在培养新型职业农民、促进农业科技进步等方面的贡献。

（2）课程改革：鼓励学校结合地方实际，开发富有乡土特色的课程，促进学生的实践能力和创新精神培养。

（3）教师发展：重视教师的专业成长和对乡村教育的热爱，提升教师的教学动力和创新能力。

（4）学校管理：倡导民主、科学、高效的管理理念，为师生营造和谐、有序的教育环境。

（5）学生发展：着重评价学校促进学生全面发展，尤其是关注农村留守儿童成长需求的努力，确保他们享有公平且高质量的教育。

此外，乡村学校的综合评价机制还应增强对高质量发展的导向，平衡学业成绩和全面发展的评价，同时关注学校在服务乡村振兴中的作用。通过制定具体、适应乡村学校特点的评价指标和量化标准，结合公开、公平、公正的原则执行评价，可有效提升乡村学校的教育质量，促进其可持续发展。

二、发挥乡村学校自身优势，推进教育创新

在全面实施各级有关中小学校办学规范标准的共性要求之外，乡村学校更应发挥其独特的地理、文化和社区优势，积极推进教育创新，以实现教育的多元化和个性化发展。为此，协同小组建议并指导乡村学校采取一

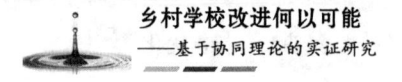

系列具体而有效的措施。

（一）地域乡土教育的实施

乡村学校应深入挖掘当地丰富的历史文化资源和自然生态资源，将这些资源转化为教育内容，设计并实施具有地方特色的课程。例如，开发以当地历史人物、事件为主题的课程，或以当地自然环境为依托的科学探究活动，让学生在学习中感受家乡的独特魅力。

（二）提升教师专业技能

通过名校伴随、名校参访、专项培训、课题研究等方式提高乡村教师的教育教学技能，尤其是在创新教学方法和手段方面的能力。鼓励教师结合乡村实际，开展教学实践和研究，形成符合乡村特色的教学模式和风格。

（三）强化实践体验学习

通过组织学生参与社区服务、田野考察、传统手工艺制作等活动，让学生在实践中学习和体验，从而更好地理解和欣赏家乡的文化和价值。

（四）建立示范引领机制

挑选和支持一批有特色、有成效的教学实践，使其成为学校的示范项目。通过教师的示范和引领，激励更多教师参与到教育创新中来，形成良好的教育生态。

（五）促进家校社合作

加强与家长和社区的沟通与合作，共同支持学校的教育创新工作。利用社区资源，如邀请当地艺术家、工匠等进校园进行教学，或与社区机构合作开展学生的实践活动，共同营造支持教育创新的环境。

（六）定期评估与反馈

建立定期的教育创新项目评估机制，收集师生和家长的反馈意见，及时调整和完善教育创新策略，确保教育创新活动的有效性和持续性。

通过上述措施，乡村学校不仅能够充分展现其个性特色，还能够激发教师和学生的创新精神，推动教育质量的整体提升。这样的教育创新，将有助于形成多元共生、各具特色的教育生态，让乡村学校成为培养创新人才的重要基地，为乡村振兴战略的实施贡献力量。

三、实施地域乡土教育，展现学校个性

（一）地域乡土教育的策略实施

乡村学校在遵守各级教育部门制定的办学规范和标准的基础上，应结合自身的地域特色，积极推行地域乡土教育。这要求学校首先进行充分的地理和文化资源调研，明确当地的历史沿革、民俗风情、自然景观等教育资源。接着，学校可以根据调研结果，设计与地域文化相关的课程内容和教学活动，例如试点学校的三所初中，都能够将当地的历史故事融入历史课程，将民间艺术纳入美术教学，以及利用周边自然环境开展生物多样性观察等活动。例如，揭阳师范附属小学在音乐课教学中渗透潮汕歌谣，让学生了解潮汕歌谣的特点和历史背景，给学生们讲述潮汕歌谣的起源、发展历程以及它所反映的民俗风情，让学生逐渐感受到潮汕歌谣的魅力，从而更好地传承和发扬潮汕传统文化。

（二）教师专业发展与教学创新

为了更好地实施地域乡土教育，各所试点学校把教师专业发展放在第一位，全面打造学校的核心竞争力。学校定期组织教师参与培训研讨，学习新的教育理念和教学方法，尤其是如何将地域文化资源有效融入教学中。同时，鼓励教师进行教学实验，比如开发以本地特色为主题的课程项目，或者采用项目式学习、情境教学等现代教学方法，让学生在解决实际问题的过程中学习知识。通过这些方式，教师能够在实践中不断优化自己的教学策略，形成具有地域特色的教学风格。

（三）构建多元共融的教育生态

乡村学校改进的最终目标是通过地域乡土教育的推广，构建一个多元共融、活力四射的教育生态。各所试点学校每年都会举办各类文化节、艺术展、学术研讨等活动，展示学校教育成果，增进校内外的交流与合作。这些活动不仅能够让学生有机会展示自己的学习成果，还能够吸引社区成员和家长的参与，增强他们对学校教育的认可和支持。此外，学校还主动与镇内兄弟学校建立合作关系，共享教育资源，共同推动地区教育的发展。

四、彰显乡村教育价值，赋能乡村振兴

（一）彰显乡村教育价值意蕴，助力乡村振兴战略

乡村教育作为乡村振兴战略的重要组成部分，其价值意蕴不容忽视。通过乡村教育，可以培养更多具备现代知识和技能的新时代农民，他们将成为推动乡村振兴的中坚力量。因此，乡村学校应注重提升学生的综合素质和职业技能，引导他们树立正确的价值观和人生观，为乡村振兴提供有力的人才保障。

（二）乡村学校积极参与，助推当地经济社会发展

乡村学校除了承担教育任务外，还应积极参与当地的经济社会发展。可以通过科技推广、文化传承、社会服务等方式，为乡村振兴贡献力量。

例如，各所试点学校都能主动与当地农村、农业部门、文化机构合作推广先进的乡土文化和农业技术，组织学生参与文化传承活动，为社区居民提供教育咨询等服务。通过这些举措，乡村学校将更好地融入当地社会，发挥其应有的社会功能。

五、建设标准化乡村学校，促进教育公平

（一）加大投入，改善乡村学校办学条件

为了缩小城乡教育资源差距，榕城区委区政府必须首先加大对乡村学校的投入力度。这包括增加财政拨款、吸引社会资金、整合现有资源等多种途径，以确保乡村学校在基础设施、教学设备、图书资料等方面达到标准化要求。同时，要关注乡村学校的特殊需求，如远程教育、信息技术等方面的建设，以适应新时代教育发展的趋势。

> 例如，榕东中学根据办学理念，在区政府的支持下，投资100多万对教育场室进行改造升级，建立图书馆、校史室，并把校史荣誉室作为学生德育和人文教育基地；校园主干道的墙面展示了学校的"一训三风"和名优教师和杰出校友风采；同时，规范了班级文化、走廊文化、楼厅文化的建设，使校园成为工作、学习、休憩的理想育人场所，让浓郁的书香气息飘溢在整个校园，时时刻刻陶冶着学生的情操，提升了学校的文化底蕴。

（二）建立长效机制，保障乡村学校持续发展

乡村学校标准化建设不是一蹴而就的过程，需要建立长效机制来保障其持续发展。这包括完善相关政策法规、制定科学的发展规划、加强监督管理和评估等方面。同时，要注重总结经验教训，及时调整和优化建设策

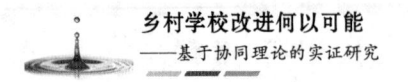

略,确保乡村学校标准化建设能够持续、稳定、健康地推进。

六、建立有效衔接机制,巩固拓展教育脱贫攻坚成果

(一)完善资助政策以保障教育公平

为了巩固和拓展教育脱贫攻坚的成果,并与乡村振兴战略有效衔接,首先需要完善教育资助政策。这意味着要确保所有农村学生都能接受公平而有质量的教育,无论他们的家庭经济状况如何。具体措施包括:建立和完善奖学金、助学金体系,为低收入家庭的学生提供必要的经济支持;实施免费教育政策,减轻家庭教育负担;以及开展定向培养计划,为农村地区培养和输送更多的教师和专业人才。

> 例如梅云华侨中学,自2021年至今,该校得到了梅云街道及当地乡贤的积极支持,累计捐资奖教奖学资金约26万元。这不仅充分体现了社会各界对农村教育事业的关心和支持,也激发了教师和学生们的积极性和创造力。我们应该总结并推广这样的成功经验,为更多的乡村学校注入新的活力和希望。

(二)优化资源配置以提升教育质量

优化教育资源的配置是推动乡村教育发展的关键。这不仅涉及财政投入的增加,还包括教育资源的合理分配和高效利用。具体做法可以是:加大对乡村学校的硬件设施投入,改善教学和生活环境;推广远程教育和网络教学,利用现代信息技术缩小城乡教育差距;以及鼓励优质教育资源下沉,如城市学校与乡村学校结对帮扶,共享教学资源和经验。

第四章 措施优化

> 榕城区教育局挑选的五所试点学校分别与东莞的品牌学校进行结对帮扶，且这些学校都是广东省或东莞市名校长工作室主持人所在的学校。揭阳师范附属小学与东莞市寮步镇香市一小（校长是广东省名校长工作室主持人郝洁）结对，莲花学校与东莞市常平镇实验小学（校长是广东省名校长工作室主持人戴彦勋）结对，古溪初级中学与东莞市石龙第二中学（校长是东莞市名校长工作室主持人周秋平）结对，梅云华侨中学与东莞市沙田镇实验中学（校长是东莞市名校长工作室主持人张远广）结对，榕东中学与东莞市常平中学初中部（校长是东莞市名校长工作室主持人古松）结对。通过这种形式，不仅为乡村学校引入了先进的教育理念和教学方法，还极大地丰富了教学资源，提升了教学质量。欠发达地区应当深入挖掘这种结对帮扶模式的潜力，推动其在全省乃至全国范围内的广泛实施，为乡村教育的全面振兴贡献力量。

七、尊重规律规范办学，扎实推进精细管理

（一）尊重教育规律和学生成长规律，规范办学行为

在推动乡村学校高质量发展的过程中，我们必须充分认识到尊重教育规律和学生成长规律的重要性。教育不仅仅是知识的传授，更是心灵的引导和人格的塑造。因此，乡村学校在教育过程中，应遵循学生的身心发展特点，科学制定教学计划，合理安排课程和活动，确保学生在轻松愉悦的环境中茁壮成长。同时，要规范办学行为，严格遵守国家教育法规和政策，杜绝任何形式的违规办学行为，保障学生的合法权益和教育质量。

为了实现这一目标，我们需要强化教育理论研究和实践探索，持续深化对教育规律和学生成长规律的认识。同时，要建立健全学校内部管理

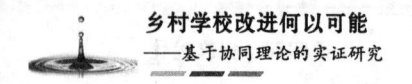

制度，完善教育教学评价体系，确保教育教学工作的科学性和规范性。此外，还应加强家校合作，积极与家长沟通交流，共同关注学生的成长发展，形成教育合力。

（二）扎实推进精细管理，提升学校管理效能和服务水平

精细管理是提升乡村学校管理效能和服务水平的关键。它要求榕城区教育管理者从细微处入手，关注每一个管理环节，确保管理工作的精准和高效。具体而言，精细管理包括加强制度建设、完善管理流程和提高管理效率三个方面的措施。

一是加强制度建设，建立健全各项规章制度和管理规范。这些制度应涵盖学校的各个方面，包括教学管理、学生管理、后勤管理等。通过制度的建立和完善，能够确保学校各项工作的有序开展和规范化操作。

二是完善管理流程，明确各部门和人员的职责和权限。通过科学合理的分工和协作，能够避免工作重复和资源浪费，提高工作效率。同时，要注重管理过程的监督和反馈机制建设，及时发现问题并进行改进。

值得一提的是，协同小组积极引导和指导试点校长精心设计学校的高质量发展策略，并在学期末进行工作复盘，以迅速提升学校的管理效率和教育质量。首先，复盘通过分析管理活动，如课程安排、学生管理和资源配置，帮助管理者明确哪些措施有效，哪些存在问题，进而揭示流程中的漏洞并为改进提供依据。其次，复盘使管理团队能够基于数据和经验反思决策过程，从而提升决策质量。此外，复盘还促进团队成员共同参与，增强信息共享、沟通和协作。通过定期复盘，能够建立持续改进的文化，激励教职员工探寻更有效的工作方法。最后，复盘提高了管理流程的透明度，使所有利益相关者都能清楚地了解学校的运营状况，同时增强了管理人员和教师的责任感。

三是提高管理效率，运用现代科技手段助力管理工作。例如，可以利用信息化技术构建学校管理平台，实现信息共享和实时更新。此外，还可

以通过数据分析等方式对管理效果进行评估和优化。

在推动乡村学校高质量发展的过程中，必须始终尊重教育规律和学生成长规律，规范办学行为。同时，还应扎实推进精细管理，从细节入手提升学校的管理效能和服务水平。通过加强制度建设、完善管理流程、提高管理效率等措施的施行，为乡村学校的健康发展提供有力保障。

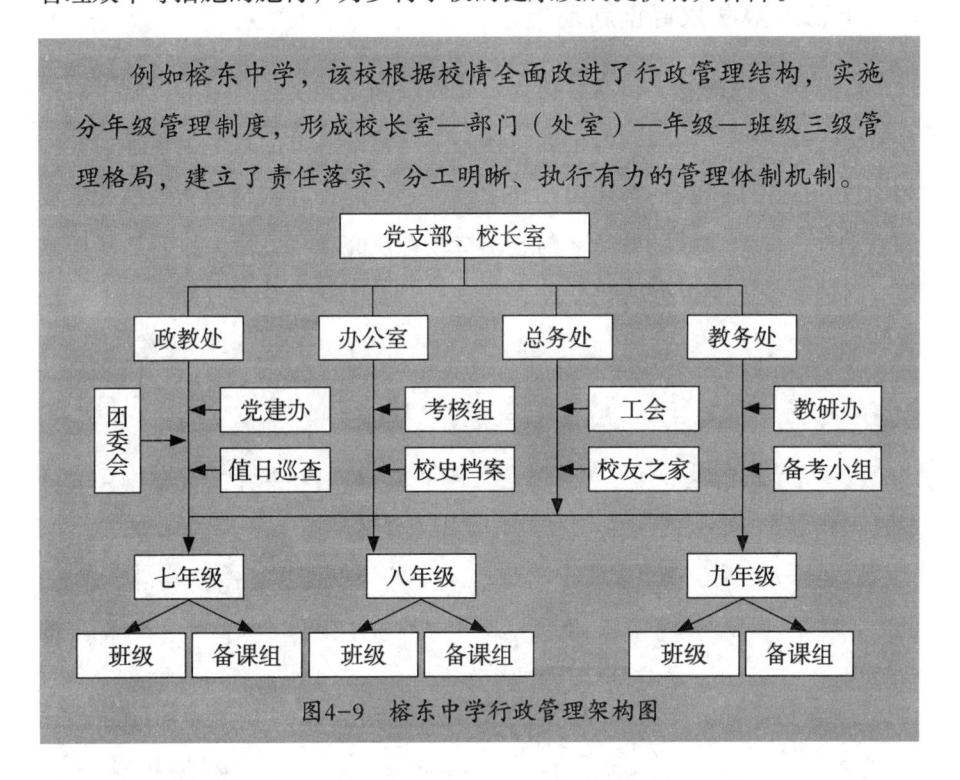

例如榕东中学，该校根据校情全面改进了行政管理结构，实施分年级管理制度，形成校长室—部门（处室）—年级—班级三级管理格局，建立了责任落实、分工明晰、执行有力的管理体制机制。

图4-9 榕东中学行政管理架构图

八、释放学校办学活力，激发教育创新动力

（一）释放学校办学活力

释放学校办学活力，首先需要从政策层面赋予乡村学校更大的自主权。这意味着需要对现有的教育政策进行适度调整和优化，如放宽对乡村

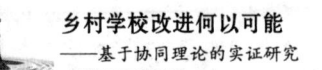

学校的管理和监督,减少不必要的行政干预,使学校能够根据自身实际情况和地方特色,制定更为灵活多样的教育计划和课程设置。例如,允许乡村学校根据学生兴趣和地方实际需要,开设才艺培养、乡土文化等特色课程,既能增加学生的学习兴趣,又能为地方发展培养所需人才。

(二)激发教育创新动力

激发教育创新动力,需要建立一套鼓励创新和实践的激励机制。对于在教育教学方法、课程内容创新、校园文化建设等方面有突出贡献的教师和学校,应给予一定的物质奖励和荣誉称号,以提升教师的积极性和学校的主动性。同时,鼓励教师参与或主持教育研究项目,借由科研活动探寻更有效的教学方法,提高教育教学质量。

榕东中学地处城乡接合部,过去由于信息闭塞,教师专业发展理念缺失,教师主动学习精神不足,在课题研究方面,更是没人愿意做,学校长期没有或很少开展课题研究。近两年,学校在激发教师赛课、晒课,以及教育教学课题立项申报方面采取了多项有效举措,这些举措不仅有助于解决乡村教育的实际问题,还能显著提升教师的教学与研究能力。具体做法如下:

一、推动手段

1.思想引领:榕东中学紧密结合榕城区教育局组织的项目,通过谈话、谈心等方式引导教师深入探究乡村教育面临的实际挑战。学校还出台相关规定,将课题研究作为教师评职称、晋升、奖励的重要依据,使教师从制度层面认识到课题研究的重要性,调动教师参与课题研究的积极性。

针对诸如课堂教学有效性、学困生转化等关键问题,鼓励教师们提出富有创新性的解决方案,并通过实践操作来检验这些方案的可行性与效果。这种以问题为导向的研究模式,不但增强了教师解

第四章 措施优化

决实际问题的能力，还极大地拓展了他们的学术视野和研究范畴。

2.培训指导：学校定期开展课题研究培训，邀请专家举行讲座，帮助教师了解课题研究的前沿动态，提升教师的课题研究能力。如：榕东中学与东莞市可园中学结成校本研修联合体之后，时常与联合体成员开展线上线下的交流培训。研修联合体聘请专家举行课题研究专题培训，并通过线上与榕东中学老师进行分享，让榕东中学教师受益匪浅，为教师们解开了课题研究方面的诸多困惑。首先，从教育教学的问题及困惑中选题。课题研究的目的是解决教育教学中存在的各种具体问题，教师每天置身于教育现场，能够挖掘出值得研究的问题来构建自己的"问题库"。教师关注、追踪、分析某个教学问题，这个问题就可以成为课题。其次，课题要与教研活动相融合，教研要切实为教学服务。在课堂教学、听课、评课过程中发现的问题，也能成为课题研究的内容。这种专题培训也大大激发了教师开展课题研究的积极性。

3.平台搭建：搭建课题研究交流平台，鼓励教师间进行课题研究经验分享，营造良好的学术氛围。学校发挥引领作用，成立校本研修工作室，各学科教研组长、骨干教师担任工作室成员，组建学科团队。外聘教育科研领域的专家，如聘请东莞市驻揭阳市帮扶队队长卢名远担任校本研修工作室指导专家，为学校优秀教师构筑了一个与同行深入研讨教学问题的平台。通过定期的学科讨论会、教学观摩、外派学习以及形式多样的互助合作活动，教师们得以充分交流心得、共享宝贵的教学资源和经验。这种团队协作与知识共享的氛围，极大地促进了教师之间的专业成长和整体教学水平的提升。

4.项目申报：学校积极申报各类课题研究项目，为教师提供更多的课题选择，如：学校在开展信息化融合创新培育推广项目建设中，结合揭阳市教育科学规划课题，积极为学校教师选择了"信息

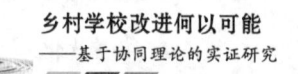

技术与学科教学深度融合研究与实践"，使教师们深受鼓舞。

二、激励机制

在激励机制方面，榕东中学也做出了精心设计。对于成功申请到课题或取得显著研究成果的教师，学校给予充分的肯定和实质性的奖励。

1.物质奖励：对于在课题研究中取得显著成果的教师，学校在绩效考核中给予一定的物质奖励，以激发教师的积极性。

2.荣誉表彰：对于在课题研究中表现突出的教师，学校颁发荣誉证书，发布光荣榜进行宣传表彰，提升教师的社会认可度和荣誉感。

3.晋升机会：学校将课题研究成果作为教师晋升的重要依据，对于在课题研究中表现优异的教师，优先晋升职称或职务，并形成制度化。

此外，学校还特设科研奖励基金，专门用于表彰在课题研究和教育教学研究方面取得杰出成就的教师。

通过这些手段与激励机制的综合运用，学校有效地推进课题研究工作的开展，激发教师的教研精神，提升学校的整体科研水平。这种全方位的激励机制，无疑为教师们投身科研工作提供了强大的动力，有力地促进了教师队伍的专业化发展。

三、取得成效

经过两年的引领和宣传，榕东中学教师参加课题研究蔚然成风。如今，教师们积极报名参加课题研究，还要求学校向有关单位争取更多课题，教师的教研热情十分高涨。

两年来，学校教师申请课题的数量稳步增长，2021年3个，2022年3个，2023年3个，2024年2个，其中区级课题8个，市级以上课题3个，已结题6个。正在研究的有区级2个，市级3个。

表4-4　榕东中学课题立项统计表

年度	研究人	课题名称	研究情况	级别	审批单位
2021年	陈润新等	初中生物课堂培养学生提出问题能力的研究课题	结题	区级	榕城区教育局
2021年	王丹等	初中语文古诗文教学有效性的研究课题	结题	区级	榕城区教育局
2021年	彭燕旋等	提升初中生英语书面表达能力的策略研究课题	结题	区级	榕城区教育局
2022年	林勇明等	城乡接合部初级中学班主任专业素养实践提升研究课题	结题	区级	榕城区教育局
2022年	黄少佳 沈绵 黄晓萍 魏素恬	提升初中语文学科素养的读写教学研究课题	结题	区级	榕城区教育局
2023年	陈燕辉 杨良旭 陈育群	"双减"背景下初中数学作业设计问卷调查研究课题	结题	区级	榕城区教育局
2023年	陈晓娜等	初中数学文化校本课程开发与实施的研究课题	正在研究	市级	揭阳市教育局
2023年	孙婕慧等	信息技术在初中音体课堂教学的应用研究课题	正在研究	区级	榕城区教育局
2023年	陈浩芝等	新课标理念下初中英语作业优化设计的实践研究	正在研究	市级	揭阳市教育局
2024年	黄少佳等	信息技术与学科教学深度融合研究与实践	正在研究	市级	揭阳市教育局
2024年	吴晓敏	如何让班级管理更有效	正在研究	区级	榕城区教育局

为提升教育科研的精准度和有效性，各试点学校还应加强与外部优质教育资源的连接与合作。例如，建立乡村学校与高校、科研机构的合作关系，定期邀请外部专家开展讲座和研讨，引入先进的教育理念和技术。同时，鼓励乡村学校之间的交流与合作，分享成功的教学经验和案例，形成有效的教育创新网络，共同推动乡村教育改革与发展。

第五章 协同结果反馈

第一节 协同结果评估

在基于协同理论的乡村学校改进评估过程中,协同小组采用了多元化的评估方法,包括教育行政部门的专业督导评估、社会中介组织提供的客观公正评估,以及学校自身进行的自我反思性评估。特别值得强调的是,自我评估与外部评估的有机结合构建了一个全面且综合的学校评估体系。这种综合评估模式对于推动学校实现有效改进起到了关键作用,并促进了学校自我评估机制的完善与发展。

一、基础条件得到改善

自协同改进项目实施三年以来,榕城区政府及社会各界已向五所试点学校提供了实质性的资金支持。广东第二师范学院不仅派遣了校内优秀的基础教育研究专家,还积极推动了东莞名校与试点学校之间的合作与帮扶,从资金、人力、改进策略等多个层面提供了前所未有的强大支持。

二、实施细节不断完善

在改进过程中,协同各方特别设立了常设联络员,负责协调日常任务、追踪改进进度、开展专项督导,并系统地收集相关资料。协同小组的成员每学期至少进行两次深入的交流与协作,共同策划并细化改进工作的各个环节,试点学校每月与东莞名校开展一次网络教研或业务咨询。得益于这些努力,协同改进项目已取得显著成果,具体表现为学生学习成绩的显著提升,教师专业素养的增强,以及学校整体教学质量的逐步提高。

三、改进效果影响深远

从学困生转化率的提高、重点中学升学率的上升、教师参与各类竞赛的积极态度,到家校社协作工作的稳步推进,协同小组观察到了一系列积极的转变。师生对学校改进的满意度持续提高,同时,试点学校在传承中华优秀传统文化和乡土文化方面的努力也获得了社区和社会的广泛认可与赞誉。

通过阶段性的评估分析,协同各方不仅深入了解了乡村学校改进的具体成效,也为未来的改进工作提供了坚实的数据支撑和发展方向。这将有助于协同各方进一步优化协同改进策略,确保试点学校能够实现教育质量的持续、稳步提升。

第二节 试点学校阶段性结果

一、各试点学校的结果

(1)揭阳师范附属小学在过去三年里取得了丰硕的成果,其成绩可从荣誉获得、教学研究、学业成绩、社会活动与影响力几个方面呈现。

在荣誉获得方面,学校整体获得市级荣誉3项,师生团队分别获得省级、市级和区级荣誉2项、6项和10项。教师个人荣誉方面，获得省级2项、市级8项、区级15项荣誉，名优教师数量显著增加，从2021年的区级5人、市级1人、省级1人增至2023年底的区级34人、市级21人、省级1人。学生个人在市级和区级分别获得22人次和34人次荣誉，参加比赛获得市级奖励4人次，区级奖励48人次。

在教学研究方面，教师教学和教研成果获得省、市、区级奖励共65人次，其中省级7人次，市级18人次，区级40人次。教师公开发表的教育教学论文共10篇，参评教学论文在省、市、区级分别获奖5人次、5人次、6人次。课题研究方面，新增区级课题3项，省级课题1项。

在学业成绩方面，对毕业班学生的优生率进行了详细的考察。2021年，该校优秀毕业学生只被纳入揭阳真理中学分教处招生范围（招生范围只限新兴街道4所学校）。2022年起，毕业班开始被纳入揭阳真理中学招生范围（全区范围招生），2022年被揭阳真理中学录取毕业班优生率为26%，2023年毕业班优生率为29.3%，增长了3.3%。这样的增长表明，尽管面临挑战，但学生们在学业上的表现仍在逐步改善，不断提升。

校本课程得到了进一步的丰富，新增了"诗词汇编"和"中草药诗词集本"两门课程。这一举措证明了学校在传承和弘扬优秀传统文化方面已经达成了一定的共识，并取得了实质性的进展，校本教材的编写和课程的落实，提升了教师的资源整合能力、跨学科教学能力和科研能力。

学校坚持以教学一线为中心，在资金困难的情况下，学校优先建设了多功能录播室，分期分批更换了22间教室原老旧的投影仪设备，实现所有教室安装先进智慧黑板，采用希沃平台教学，踏入了教育信息化2.0时代。切实解决教师教学需要和学生学习需要，向信息化教学迈进了坚实的一大步。

在社会活动与影响力方面，学校开展了8次家校共建共育、社会支持活动，并与东莞的结对学校进行了5次共17人的入校帮扶。此外，组织了16次校外学习观摩活动，共103人参与。学校的社会影响力不断提升，市级报纸宣传8次、区级教育简讯2次、市电视台报道4次以及学校公众号报道超过10次，"学习强国"平台上也有2次报道，进一步扩大了学校的知名度和影响力。

（2）莲花学校在过去的三年里，各个方面都取得了显著的发展成果。

学校荣誉接踵而至，荣获省级荣誉1项、市级荣誉5项以及区级荣誉1项。同时，师生共同努力，还收获了3项区级集体荣誉。

在教研方面，教师们的教学设计和论文成果丰硕，共有12篇论文获得区级奖项，另有1篇论文荣获省级奖项。此外，学校新增市级课题1项和区级课题2项，进一步提升了学校的科研实力。

在校本课程方面，学校新增2门学研材料，分别是《中华传统文化读本》和《洁心雅韵》，这两本学研材料的开发与引入，极大地丰富了学校的教学内容。

在师资队伍建设上，学校新增区级名优教师2人次和市级名优教师2人次，他们的加入为学校的教学质量提供了有力保障。

在教育教学成果上，近三年毕业班的合格率、平均分和优生率分别实现了23%、29%和37%的增长。特别值得一提的是，揭阳真理中学的录取人数逐年攀升，从2021年的6人增长到2023年的11人，充分体现了学校教学质量的稳步提升。

学生个体发展也取得了骄人的成绩，共有1人次获得省级奖项、15人次获得市级奖项以及33人次获得区级奖项。

在对外宣传与交流方面，学校在区级及以上的媒体上进行了42次宣传报道，有效地提升了学校的知名度和影响力。同时，学校还定期举办家长会、家长进校园等活动，并承办了东升街道办事处的"莲风雅韵"国学大讲堂，这些活动不仅宣传了中华传统文化，还加强了家校之间的沟通与合作。

此外，学校还得到了东莞方面的大力支持，共有28人次的专家莅临学校进行帮扶指导，涉及教学、管理等多个领域。同时，本校也积极组织教师外出学习观摩,共计30人次,这些交流学习活动极大地开阔了教师的教育视野。

(3)榕东中学在过去三年里展现了卓越的成绩和全面的发展,其成就主要体现在荣誉获得、教学研究、教师发展、学业成绩以及社会活动与影响力等方面。

在办学理念方面,经过专家的指导,厘清办什么样的初中,培养什么样的初中生,以及如何整合资源,发掘每一位师生员工及校友、乡贤的潜能,办出特色、塑造品牌,形成了凝聚力,激发办好教育的使命感。

在荣誉获得方面,学校整体荣获省级荣誉2项、市级3项、区级10项。师生团队在各级各类比赛中共获得105人次的荣誉,包括省级1项、市级12项、区级39项,展现了学校在各个层面上的优异表现。

在教学研究方面,学校成果斐然,教学设计获奖21篇,其中省级1篇、市级7篇、区级13篇。教育论文在区级以上获奖9篇,且成功发表12篇。此外,学校还成功立项区级课题7个、市级以上课题2个,且已结题6个,彰显了学校在教学研究领域的深厚实力。

教师发展方面,学校名优教师数量逐年递增,从2021年的区级2名、市级2名,增至2023年的区级12名、市级15名,体现了学校对教师专业成长的高度重视和有力支持。

学业成绩方面,近三年的统计数据显示,尽管部分科目平均分有所下降,但学生的合格率和优生率总体呈上升态势,尤其是体育科目表现突出,合格率达到100%,优生率也有显著提升,详见表5-1至表5-3。

表5-1 榕东中学2021年毕业班学业成绩统计表

人数	学科	平均分	合格率	优生率
445	语文	51.47	10.7%	0%
441	数学	23.07	6.5%	0.13%
447	英语	42.52	3.5%	1.6%
447	政治	29.62	15.2%	0.4%
443	物理	34.08	5.8%	0.3%

续表

人数	学科	平均分	合格率	优生率
447	化学	32.19	5.1%	0.6%
447	历史	31.79	10.5%	0.3%
447	生物	26.56	7.3%	3.3%
460	体育	54.25	100%	68%
460	地理	25.69	8.7%	0.2%

表5-2　榕东中学2022年毕业班学业成绩统计表

人数	学科	平均分	合格率	优生率
468	语文	48.6	10.9%	0%
468	数学	45.5	6.7%	0.14%
473	英语	44.2	3.5%	1.4%
471	政治	30.2	15.4%	0.4%
473	物理	38.5	5.7%	0.5%
470	化学	31.6	5.3%	0.8%
474	历史	36.4	10.4%	0.5%
476	生物	30.3	7.5%	3.4%
472	体育	55.26	100%	73%
476	地理	31.3	8.8%	0.2%

表5-3　榕东中学2023年毕业班学业成绩统计表

人数	学科	平均分	合格率	优生率
536	语文	44.98	11.6%	0%
527	数学	34.28	7.0%	0.2%
531	英语	35.49	3.4%	1.5%
527	政治	27.78	17.1%	0.4%
531	物理	34.05	6.2%	0.9%
530	化学	29.29	7.6%	1.3%
532	历史	34.24	11.7%	0.9%
524	生物	25.76	9.4%	3.6%
525	体育	58.53	100%	85%
525	地理	22.08	9.5%	0.2%

在课程建设方面，学校也面临一定挑战。目前，校本研学材料没有新增，这反映出学校在课程创新和更新方面还有待加强。

在社会活动与影响力方面，自2021年以来，学校获得10余个单位和企业的大力支持，多次受到市级以上媒体的宣传报道。学校积极参与广东省中小学校本研修示范学校交流活动，与东莞市松山湖北区学校建立友好关系，并组织教师外出学习观摩，参加各类论坛、研讨会，这些活动不仅提升了学校的社会影响力，也为教师提供了丰富的学习与交流机会。

（4）古溪初级中学虽在试点期间更换了校长，学校偏远且环境欠佳，又受疫情影响，但近三年仍取得了一定成绩。

学校足球队多次代表榕城区参加揭阳市青少年足球比赛，屡获佳绩：2022年11月，获揭阳市第六届青少年足球比赛初中组亚军；2023年10月，获揭阳市第七届青少年足球比赛初中组第三名。目前，学校已基本形成班有班队、校有校队、班际联赛、校级比赛等全方位的足球教学和竞赛体系，校园足球文化氛围浓厚。

近几年，学校积极打造"1+6"特色项目，即"遵循以人为本的理念，以1项校园足球特色运动带动篮球、乒乓球、武术、书画、围棋、音乐6个社团活动项目，努力达到全面发展、学有特长的发展目标"。此外，学校还组织各学科骨干教师编写了《蒙以养正》《足球》《美术》《书法》等校本教材，并在初中所有学段使用。

学校秉持"以人为本 环境育人 足智育人 魅力古中"的办学理念，以健康快乐、全面发展、学有特长为办学目标，坚持德育为先，提升智育水平，加强体育美育，落实劳动教育。近三年，学校获区级（以上）集体和师生个人荣誉奖励达250多人次。在教学方面，教师教学设计获奖19项、教育教学论文获奖27项，其中省级4项、市级9项、区级33项。教师在各类市级刊物发表教育教学论文9篇。名优教师数量显著增加，区级骨干教师从7人增至15人，市级骨干教师从2人增至28人。

学生素质全面发展。2021年12月，陈锐淇同学获得第十三届广东省规范汉字比赛三等奖；2021年12月，古溪中学围棋代表队获得榕城区第八届围棋锦标赛团体第四名；2022年11月，古溪中学粤韵操代表队（陈枫阳等29名学生）参加"广东省中小学粤韵操交流展示活动"获得二等奖；2023年12月，陈苡萱同学获得"美丽中国"第五届全国国家版图少儿手绘地图大赛（13—15岁组）市级一等奖等。此外，2021年10月，陈思潼同学获得市级"红领巾奖章"个人三星章；2023年10月，黄湃淇同学被共青团揭阳市委员会、揭阳市教育局、少先队揭阳市工作委员会联合授予"揭阳市优秀少先队员"荣誉称号等。

毕业班教学质量稳中有升。2023年中考超市重点高中录取线达97人，2023年毕业班学生总平均分为483.66分，比2021年学生总平均分422.48分增加了61.18分，增幅达到14.5%；2023年毕业班学生学科平均优生率为32.67%，比2021年毕业班学生学科平均优生率24.09%增加了8.58%；2023年毕业班学生学科平均合格率为54.0%，比2021年毕业班学生学科平均合格率42.0%增加了12.0%，各项升学指标排在全区同类学校前列，详见表5-4至表5-6。

表5-4 古溪初级中学2021年毕业班学业成绩统计表

人数	学科	平均分	合格率	优生率
557	语文	61.16	43.27%	9%
557	数学	30.27	4%	1%
557	英语	55.28	33.03%	17.1%
557	政治	34.34	50.27%	23.9%
557	物理	41.20	26.57%	8%
557	化学	44.12	47.58%	31.2%
557	历史	36.84	32.14%	21.7%
557	地理	30.05	38.60%	16.2%
557	生物	32.04	44.17%	27.5%
557	体育	57.18	100%	85.3%

表5-5　古溪初级中学2022年毕业班学业成绩统计表

人数	学科	平均分	合格率	优生率
566	语文	58.66	37.10%	11.84%
566	数学	61.90	46.47%	34.63%
566	英语	59.00	37.28%	25.62%
566	政治	35.62	57.24%	16.25%
566	物理	49.70	38.52%	25.62%
566	化学	45.89	48.23%	34.81%
566	历史	43.67	49.65%	28.45%
566	地理	37.77	59.36%	37.99%
566	生物	37.86	58.30%	41.70%
566	体育	57.49	100%	86.04%

表5-6　古溪初级中学2023年毕业班学业成绩统计表

人数	学科	平均分	合格率	优生率
578	语文	59.22	37.54%	17.47%
578	数学	49.45	33.04%	20.07%
578	英语	60.45	39.27%	31.48%
578	政治	33.35	48.62%	22.49%
578	物理	57.25	48.10%	29.93%
578	化学	51.16	57.27%	39.27%
578	历史	39.29	62.11%	13.33%
578	地理	36.28	58.30%	35.99%
578	生物	37.06	55.71%	36.51%
578	体育	60.15	100%	80.12%

此外，学校丰富了校本课程，新增乡土课程、特色课程，并积极推进家校共建共育，得到了社会各界的广泛支持。同时，学校积极开展对外交流与学习，外出观摩学习达160人次，在学校的公众号等渠道宣传报道学校活动达31次。建议学校主动与东莞的结对学校开展互动，学习其先进经验，促进共同发展。加强与周边学校的合作与交流，实现资源共享、优势互补。

（5）榕城区梅云华侨中学在过去三年里，多个方面都取得了丰硕的成果，包括荣誉获得、教学研究、科研课题、教师发展、学业成绩以及社会活动与影响力几个方面。

就荣誉而言，学校整体荣获了1项省级、5项市级和5项区级的荣誉称号，同时师生在各类竞赛中还取得了2项市级和4项区级的集体荣誉。

教学研究上，各类教学设计有区级10人、市级2人、省级2人获奖；教学论文获奖区级6篇、市级4篇、省级7篇。2024年5月有三位教师参加揭阳市教师课堂教学竞赛荣获一等奖。

科研课题实施情况为：区级立项4项、结题4项，市级立项1项、结题1项，省级立项0项、结题1项。

学校现有各类名优教师区级30人、市级15人、省级4人。陈爱群校长于2024年4月被评为中小学正高级教师，是五所试点学校中第一位评上正高级教师的校长。

三年来，学业成绩也有显著提升。例如，数学的平均分增长率在2022年比2021年增长了107.07%，在2023年比2022年下降了19.31%。语文、物理、化学、政治、历史、生物、地理和体育等科目的平均分也有所起伏，但在大部分科目上都保持了稳定的增长，见表5-7。

表5-7　梅云华侨中学2023年毕业班学业成绩

科目	2022年比2021年平均分增长百分比	2022年比2021年合格增长百分比	2022年比2021年优生增长百分比
语文	-1.03%	6.12%	11.11%
数学	107.07%	133.33%	160.00%
英语	-1.40%	-4.17%	0.00%
物理	17.94%	17.07%	-5.88%
化学	-1.87%	-2.08%	-9.09%
政治	1.97%	12.77%	70.00%
历史	16.63%	10.64%	12.50%
生物	15.05%	2.22%	26.32%
地理	20.11%	8.33%	188.89%
体育	-0.99%	0.00%	1.30%

续表

科目	2023年比2022年平均分增长百分比	2023年比2022年合格增长百分比	2023年比2022年优生增长百分比
语文	-0.35%	3.85%	20.00%
数学	-19.31%	16.33%	-3.85%
英语	7.62%	13.04%	33.33%
物理	18.89%	8.33%	37.50%
化学	11.32%	6.38%	15.00%
政治	-6.05%	-1.89%	0.00%
历史	-5.88%	1.92%	0.00%
生物	0.00%	4.35%	-4.17%
地理	-0.67%	-1.92%	3.85%
体育	5.91%	-2.00%	-16.67%

此外，学校还新增了2种校本教材，即《梅云华侨中学校史读本》和《经典采英》，供初中全学段学生使用。

在社会活动与影响力方面，自2021年至今，梅云街道及当地乡贤为该校捐赠了约26万元的奖教奖学资金。学校先后5次在市级及以上的报纸上进行了宣传报道。同时，学校共有166人次的行政领导和骨干教师前往东莞、广州、杭州、厦门等地进行参观学习，并接待了124人次的其他专家和骨干教师来校进行指导。

二、校长的关键性作用

从五所试点学校阶段性结果来看，除了协同各方齐心协力推动学校改进外，最为重要的力量是学校的校长，校长在改进工作中发挥了关键性的作用。主要原因在于校长在学校改进过程中扮演着举足轻重的角色。协同理论强调各要素之间的协调与合作，以实现整体效益的最大化。在乡村学校改进中，校长作为学校的领导者和核心管理者，其决策、引领和推动作用对于促进学校内部以及学校与家庭、社会之间的协同至关重要。

一是确立学校愿景和目标：校长负责制定学校的发展规划，明确学校改进的方向和目标，为学校师生提供清晰的行动指南。

二是协调各方资源：校长需要积极争取和整合内外部资源，包括政府支持、社会捐赠、师资培训等，为学校改进提供必要的条件。

三是引领教师发展：校长应关注教师的专业成长，通过培训、激励和评价等方式，提升教师的教学水平和教育理念，增强教师的协同意识和能力。

四是营造校园文化：校长需要倡导和培育积极向上的校园文化，鼓励学生自主学习、合作探究，形成良好的学风和校风。

五是加强家校合作：校长应积极与家长沟通，了解家长的需求和期望，争取家长的支持和配合，营造家校共育的良好氛围。

六是应对挑战与解决问题：乡村学校在改进过程中可能会遭遇各种挑战和问题，如资源匮乏、师资力量薄弱等。校长需要具备解决问题的能力，能够灵活应对各种情况，确保学校改进工作的顺利进行。

第六章 结论、建议与讨论

第一节 研究结论

一、协同理论在乡村学校改进中的科学性与适用性

协同理论，作为一门研究系统如何通过内部协同作用实现从无序到有序转变的学科，其在乡村学校改进研究中的应用展现出了强大的解释力和指导意义。该理论能够从全局性的视角审视乡村学校的发展现状，为其提供科学的改进方向和策略。实证研究表明，协同理论在指导乡村学校改进方面具有高度的科学性和适用性。

二、乡村学校改进的现实需求与紧迫性

当前我国乡村学校面临着教育资源匮乏、师资力量薄弱、管理水平不高等诸多挑战，这些问题严重制约了乡村教育的质量和学生的全面发展。因此，基于协同理论的乡村学校改进实证研究不仅具有理论价值，更有着迫切的现实需求。通过实证研究，我们能够有效解决这些现实问题，推动乡村教育的持续健康发展。

三、实证研究方法在乡村学校改进中的有效性

本研究采用实证研究方法，通过收集和分析实际数据以验证理论假设。这种方法不仅客观、准确地揭示了乡村学校存在的问题及其根源，还为制定有效的改进策略提供了可靠依据。同时，协同小组对改进策略的实施效果进行了科学评估，确保了其可行性和有效性。实证研究方法在乡村学校改进中的成功应用，进一步印证了其在这一领域的有效性。

四、多学科研究的整合优势在乡村学校改进中的体现

协同理论本身便是在多学科研究基础上形成和发展的。因此，在乡村学校改进的实证研究中，协同小组充分运用了多学科的研究方法和成果，形成了显著的整合优势。这种跨学科的研究思路和方法不仅使协同小组能够全面深入地了解乡村学校的实际情况，还为乡村学校的高质量发展提出了更具针对性的改进建议。多学科研究的整合优势在乡村学校改进中得到了充分体现。

五、"U-G-EEPS-RS"协同机制对乡村学校改进成效显著

本研究发现，"U-G-EEPS-RS"协同机制在推动乡村学校改进方面取得了显著成效。大学为乡村学校注入了先进的教育理念，带来了理论高度、学术前沿知识以及新技术和新方法，从而确保了教育理念的领先性；地方教育行政部门（以教研室为代表）则提供了政策解读和地方需求，以此确保政策解读及落实的正确性并助力区域教育均衡发展；名校长、名师及其所在学校则促成了观念的转变与经验的传承，这有效保证了经验转化的实效性；而

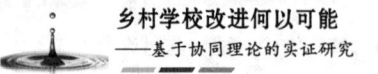

乡村学校在这一过程中实现了教学质量的提升、办学特色的培育以及学校个性的彰显，确保了学校改进工作能够深入、细致、具体地落实。通过这一协同机制，多方共同努力，显著提升了乡村学校的教育水平。在五所乡村学校的实践应用中，该机制展现出了强大的推动力和广泛的适应性，进一步验证了多方协同在乡村学校改进工作中的重要性。

六、乡村学校改进过程中的条件和关键要素

乡村学校的改进过程是一个自我定位逐步明确、教育信息化水平日益提升、数字教育资源利用率不断提高的演进过程。在此过程中，政府的投入为教育教学设施的完善和教学设备的更新换代提供了有力保障。但要想实现乡村学校的持续进步与高质量发展，研究者仍需进一步关注几个关键要素：提升教师队伍的整体素养，持续更新教育设备，以及积极引导家长参与到学校教育管理中来。这些要素的共同提升，将是推动乡村学校向更高水平迈进的重要条件。

第二节　改进建议

一、对五所试点学校的改进建议

（1）为进一步促进学校的改进和高质量发展，针对揭阳师范附属小学过去三年的成绩和现状，建议做好以下几个方面的工作。

一是加强教师专业发展：虽然教师个人荣誉和名优教师数量有显著增加，但仍可进一步加强教师的专业发展和培训。建议定期举办线上线下相结合的教育研讨会，引入国内外先进教育理念。设立教师创新基金，鼓励

教师开展跨学科教学研究和数字化教育实践。

二是深化课题研究与实践：学校在课题研究方面已取得一定成绩，但仍有提升空间。建议加大课题研究经费投入，尤其关注教育数字化和乡村教育振兴领域。建立学生参与的课题研究机制，促进学生成为研究助理或合作伙伴。

三是优化学业成绩提升策略：面对学业成绩，毕业班如何提升合格率，进一步提高优生率，学校需制定更为精准的学业提升策略。建议通过数据分析，对同批学生进行跟踪，识别学生学习的薄弱环节，实施个性化辅导和小组合作学习，以促进学生全面发展。

四是丰富校本课程内容：学校已在校本研学材料方面进行了创新，可进一步探索和丰富校本课程的内容和形式。建议融入STEAM教育和SEL理念，开发跨学科、综合性的校本课程。利用数字技术丰富课程内容和呈现方式，提升学生学习兴趣和实践能力。

五是扩大社会合作与交流：学校已通过与结对学校的合作、社会活动等方式提升了社会影响力。建议进一步与高校、科研机构等建立合作关系，共享教育资源，开展联合培养和项目研究。利用网络平台，与其他学校开展远程协作和交流活动。

六是加强心理健康教育：构建心理健康教育课程体系，定期开展心理健康测评和辅导活动。利用数字技术建立心理健康支持系统，提供在线咨询和资源共享。

（2）根据基础教育高质量发展的要求，结合莲花学校的发展现状，特提出以下具体的学校改进建议。

一是优化校园空间布局，提升学生活动空间。精心规划并优化校园空间布局，通过合理的功能分区与高效利用，最大限度释放学生活动空间，例如利用学校围墙打造"家庭教育一条街"。同时，合理规划校园空间，增设多功能活动室、科学实验室、综合实践基地等。运用数字技术优化校园设施管理，提高空间利用效率和学生活动体验。

二是加强教师队伍建设，提升教育教学质量。持续加大教师培训投入，定期组织参与专业培训、学术交流及教学观摩等活动，全面提升教师的教育教学水平和专业素养，尤其关注有效教学策略与班级管理能力的提升。同时，构建并完善科学的教师评价体系，通过合理的激励机制，鼓励教师积极进取、持续创新，从而营造良好的教育教学氛围。

三是强化领导班子建设，提升管理效能。校长要加强新知识、新技能的学习与运用，抓好领导班子成员的选拔与培养工作，特别注重选拔具备先进教育理念与卓越管理能力的人才。进一步完善领导班子工作机制，明确各成员职责分工，加强团队协作与沟通，形成高效、和谐的管理团队。特别强调校长在学习能力与实践指导能力方面的持续提升，以更好地引领学校发展。

四是深化教育教学改革，创新人才培养模式。深入学习国家基础教育数字资源库的资源，深入推进课堂教学改革，积极探索并实践符合学生认知规律与学科特点的教学模式与方法。大力开发中华优秀传统文化教育资源，结合乡土文化特色，创编丰富多样的教育内容与形式。重点培养学生的创新精神与实践能力，通过组织丰富多彩的课外活动与社团活动，为学生提供更广阔的实践平台与成长机会。

五是加强对外交流与合作，提升学校影响力。积极参与省内外教育交流与合作项目，特别加强与珠三角地区，尤其是东莞等结对学校的深入学习与交流，充分借鉴发达地区名优学校的先进教育理念与实践经验，以提升自身的办学水平与实践能力。同时，加大对外宣传力度，充分利用各类媒体平台展示学校的办学成果与特色优势，进一步提高学校的知名度与影响力。

六是完善学校内部管理，提升办学效益。全面建立健全学校各项管理制度与规章制度，确保各项工作有章可循、规范有序。党员干部要充分发挥榜样示范作用，带头落实、落细每一项工作。同时，加强学校财务管理与资产管理的规范性与透明度，确保教育经费的合理使用与资产的安全完整，为学校的可持续发展提供坚实保障。

第六章 结论、建议与讨论

（3）榕东中学过去三年的成绩令人瞩目，为进一步提升学校的教育质量和社会影响力，可从以下几个方面推动学校改进，提升办学质量。

一是加强学科平衡发展：针对部分科目平均分下降的情况，建议学校深入剖析，找出成绩下降的具体原因（如课前准备、教学方法、学生兴趣、教材适用性等），并制定针对性的改进措施。同时，可以考虑增设或优化辅导课程，尤其是针对成绩较弱的学生，提供个性化的辅导和支持。

二是深化教学研究与创新：鉴于学校在教学研究领域已取得显著成果，建议继续加大投入，鼓励教师参与更多的教学研究和创新活动。可以设立专项基金，支持教师开展跨学科研究项目，推动教学方法和内容的创新。同时，加强与高等教育机构的合作，引入最新的教育理念和技术。

三是扩大教师培训和发展计划：考虑到教师是教育质量提升的关键，建议学校进一步拓展教师培训和专业发展计划。除组织教师参加外部培训和研讨会外，还可以邀请教育领域的专家来校举办讲座和工作坊，并鼓励教师之间进行经验分享和互助学习。

四是增强学生全面发展：虽然学校在体育科目表现突出，但为促进学生的全面发展，建议学校加大对文化、艺术、科技等非学科领域的投入和支持。可以举办更多的校内外活动，如艺术节、科技竞赛、读书节、社会实践等，以培养学生的创新能力、团队协作精神和社会责任感。

五是鉴于学校在课程建设方面尚未新增校本研读材料，建议加强课程内容的更新与创新，以适应快速变化的教育需求和社会发展趋势。可以考虑引入更多与学生生活密切相关、具有时代意义的课程内容，开发乡土课程，促进学生批判性思维和创新能力的培养。

六是拓展社会合作与交流：基于学校已取得的社会活动与影响力成果，建议进一步扩大与社会各界的合作与交流。除加强与友好学校的互访和交流外，还可以探索与企业、非政府组织等的合作，共同开展教育项目或社会服务活动，为学生提供更多实践和学习的机会。

（4）针对古溪初级中学的发展现状，结合基础教育高质量发展的要

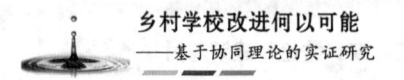

求，学校可以从以下方面进行改进。

一是加强班子领导力和教学管理：校长应提高主观能动性，增强社会活动能力，积极争取外部资源，促进学校发展。领导班子应定期接受管理能力培训，提升团队整体的管理水平和决策能力。加强教学管理，制定科学的教学评估体系，激励教师提升教学质量。

二是优化课程设置与教学资源：在现有校本研学材料的基础上，结合乡土文化和学校特色，开发新的乡土课程和特色课程。充分利用国家教育数字资源库，培养全体教师的数字技术水平，指导师生主动学习和运用。建立激励机制，鼓励教师创新教学方法，将现代教育技术与传统课堂相结合，提高学生学习兴趣。

三是提升教师队伍素质：加大对名优教师的奖励和支持力度，发挥其示范引领作用。定期组织教师参加专业培训、教学研讨会，提升教师队伍的整体素质。鼓励教师开展教育教学研究，撰写论文，参与学术交流，提高学术水平。

四是强化家校协作：定期举办家长会、家长学校等活动，增强家长的教育意识和参与度。建立家校互动平台，方便家长与学校及时沟通，共同关注孩子的成长。鼓励家长参与学校志愿服务、教学活动等，形成教育合力。

五是拓展对外交流与合作：主动与东莞的结对学校开展互动，学习其先进经验，促进共同发展。积极参加区域性、全国性的教育交流活动，展示学校特色，提升学校知名度。加强与周边学校的合作与交流，实现资源共享、优势互补。

六是改善学校环境与设施：争取市、区、镇三级政府和社会各界的支持，改善学校的基础设施和教学环境。优化校园布局，营造宜人的学习和生活环境。加强校园安全管理，确保师生的人身安全。

七是关注学生全面发展：在注重学术成绩的同时，也应关注学生的身心健康、艺术素养和社会实践能力的培养。开展多样化的课外活动和社团组织，满足学生的不同兴趣和需求。建立健全乡村学生评价体系，鼓励学生多元化发展。

（5）榕城区梅云华侨中学近三年来的成绩令人瞩目，为进一步提升学校教育质量和社会影响力，可以参考以下改进建议。

一是创新教学方法：积极引入现代教育技术，如多媒体教学、网络教学平台等，增强教学的互动性和有效性。同时，根据学生特点和学习需求，灵活调整教学策略，做到因材施教。尤其要针对平均分增长较慢或下降的科目和学生群体，提供更具针对性的辅导和支持。

二是加大科研力度：在教学研究方面，虽然有很多优秀的教师在区级、市级得到了认可，但在省级的论文获奖和课题立项方面数据相对较少。可以考虑增加教师的科研时间，大力开展乡村学校教学有效性研究，鼓励他们在省级乃至国家级平台上交流和展示他们的成果。

三是优化课程结构：对于学业成绩方面，各科目成绩波动较大，可能需要进一步分析每一科的具体情况，找出可能存在的问题，如教材使用、教学方法、家校合作等，并因势利导地进行调整。

四是扩大校史教育推广：新增的校本教材《梅云华侨中学校史读本》颇具特色，彰显了学校的历史文化，可以通过举办各种活动，加强校史教育在学校的推广。

五是提升社区参与度：在社会影响力方面，学校与社区的联动性良好，但为进一步提高影响力，可以考虑开展更多社区互动活动，增强社区对学校的认同感和参与度。

六是引入优质教育资源：骨干教师培训、实地参观以及专家指导工作成效显著，有望带来更多教育创新。可以考虑增进与国内外其他优秀学校的交流，引入更多优质教育资源。

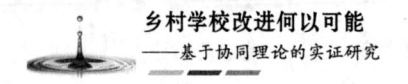

二、对试点学校校长的建议

1. 校长需牢固树立协同发展的教育理念

深入理解协同理论的重要性，明确提高教育质量并非学校改进的唯一目标，推动学校与家庭、社区等多元主体的协同发展同样关键。通过树立这种教育理念，可以引领全校师生形成共同的发展愿景，为学校的高质量发展奠定坚实的思想基础。

2. 校长应积极构建协同育人的工作机制

牵头建立与家庭、社区等利益相关者的协同育人机制，通过定期举办家长会、社区座谈会等形式，加强与各方的沟通与协作，共同制定并实施育人计划，实现资源的共享和优势互补。同时，鼓励教师走出校园，积极参与社区教育活动，以拓宽教育视野，提升协同育人的能力。

3. 校长需高度重视并强化教师队伍的建设

通过完善选拔机制、提供专业培训、搭建成长平台等多种措施，激发教师的职业热情和创新精神，提升其专业素养和教育教学能力。同时，注重培养教师的团队协作意识和跨学科整合能力，以满足协同育人的需求。

4. 校长还应善于在有限的资源条件下，优化学校的资源配置

通过争取政府支持、引导社会捐赠、开展校企合作等途径，多渠道筹集资金，改善学校的硬件设施和软件环境。在此过程中，注重提高资源的使用效率，确保各项资源能充分且高效地服务于教育教学和协同育人工作。

5. 校长需努力营造积极向上的校园文化氛围

倡导并践行健康的校园文化价值观，引导全校师生形成积极向上、团结协作的精神风貌。通过举办丰富多彩的校园文化活动、搭建师生展示和交流的平台等方式，增强师生的归属感和荣誉感，从而为学校的高质量发

展提供强大的精神动力和文化支撑。

第三节 讨论

一、研究创新

在教育领域，持续的创新是推动其发展的核心动力。本研究从理念创新、模式创新、资源创新三个维度出发，力求为乡村学校改进带来新的突破。

（一）理念创新：融合传统文化与现代教育理念

本研究深入挖掘了中国传统文化的核心价值，尤其是《道德经》中的哲学思想，并成功将其与现代教育理念相融合。这种创新性的理念融合，不仅为审视现代教育问题提供了全新的视角，更为乡村教育的均衡、协调和可持续发展提供了坚实的理论基础。通过汲取传统文化中的深邃智慧，本研究旨在更好地理解和应对教育改革中所遭遇的种种挑战，进而推动学校教育朝着更为全面、和谐的方向发展。

（二）模式创新：构建与实践新型协同模式

在推动学校改进的过程中，本研究创新性地运用了协同学理论，实现了大学、地方教育主管部门、中小学名优校长及其所在学校等多方力量的有效集结。相较于传统的"U-G-S"（大学—政府—学校）协同机制，本研究通过引入名优校长及其所在学校这一新的参与主体，创造性地构建了"U-G-EEPS-RS"（大学—政府—中小学教育名家—乡村学校）的新型协同机制。最后提炼总结出了"一机制、两条线、三阶段"的乡村学校改进

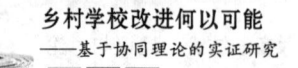

模式，其优势在于能够更高效地整合和利用各方优质教育资源，内外力量发挥效用，促进了深度合作与交流，从而为乡村教育的整体提升注入新的活力。

（三）资源创新：整合资源与提供持续支持

为了确保学校改进工作的连续性和实效性，本研究采用了"名校伴随"策略，并由教研员进行落点实地跟进，为五所试点学校提供了持续而紧密的支持。这种创新的支持模式既涉及资源共享和经验传承，又确保在整个工作过程中保持高度的一致性和连贯性。在名校的指导和陪伴下，试点学校在教育教学、管理模式及校园文化等多个方面都取得了显著的进步。为进一步推动榕城区基础教育的高质量发展，在教研室的引领下，构建了"1+1+N"的学校联动发展模式，即东莞名校与试点学校以及试点学校周边的多所学校共同合作，以实现协同改进效益的最大化。这种持续且稳定的支持机制进一步推动了改进工作的深入进行，为乡村教育的长远发展打下了坚实的基础。

二、研究不足

在协同学理论的指导下，乡村学校改进工作本应是一个系统、连贯且深入的过程。然而，在实际推进过程中，我们不可避免地遇到了一些挑战和不足，这些都需要协同小组认真反思，并提出相应的后续发展策略。

（一）新冠疫情对协同工作的影响

新冠疫情的突然暴发和持续影响，致使原定的协同小学组无法按计划前往试点学校进行实地指导。这一变化不仅打乱了原有的工作规划，更使得我们无法直接观测到试点学校工作的具体进展和建设的实际成效。比如师生竞赛无法正常举行，学生考试屡次中断等。因此缺乏第一手资料和直接观察，这无疑增加了对学校改进工作评估的难度，也可能导致我们在某些方面的判断出现偏差。

为弥补这一不足，我们虽然加强了与试点学校的线上沟通与交流，借助现代信息技术手段，如视频会议、在线协作平台等，维系与试点学校的紧密联系。然而无法进入校园，协同沦为空对空，难以达成预期的成效。

（二）校长岗位变动对研究和实践工作的影响

在开展第一年的行动研究后，四位试点学校更换了校长，加之疫情防控，无疑给研究和实践工作带来了不小的冲击。校长的更替往往意味着学校发展战略、管理理念乃至教育教学风格的转变，这对于需要长期、稳定推进的学校改进工作而言，无疑是一项巨大的挑战。这种变动不仅破坏了研究和实践工作的系统性和连贯性，也可能导致前期投入的资源和取得的成果无法得到有效的巩固和深化。

面对这一挑战，协同小组需要在新任校长上任伊始，便与其进行深入的沟通和交流，明确学校改进工作的目标和意义，争取其理解和支持。同时，加强对新任校长的培训和指导，帮助其尽快熟悉并接手相关工作，确保学校改进工作的持续推进。此外，建立健全学校内部的管理机制和激励机制，提升学校改进工作的自主性和内生动力，也是应对校长岗位变动的有效策略。

（三）对试点学校了解深度不足的问题

在推进学校改进工作的过程中，研究发现对试点学校的了解深度不够是一个普遍存在的问题。这种了解不足或许体现在对学校历史、文化、特色等方面缺乏深入的认知和挖掘，也可能体现在对学校当前存在的问题和挑战缺乏准确的分析和判断。这种了解不足无疑会对我们为学校制定的改进方案的针对性和实效性产生影响，也可能致使我们在执行过程中遇到预想不到的困难和挑战。

为了解决这个问题，协同小组需要加强对试点学校的深入调研和分析工作。通过实地走访、座谈交流、问卷调查等方式，全面把握学校的实际情况和师生的真实需求。同时，加强对学校改进工作的理论研究和实践探索，提升协同小组和研究人员的专业素养和实践能力，确保为学校制定的改进方案更为科学、合理和可行。此外，建立健全与试点学校的沟通机制和反馈机制，及时知悉学校的反馈意见和建议，持续调整和优化改进方案，也是提高了解深度和执行效果的有效途径。

三、研究展望

针对以上存在的不足和挑战，协同小组在后续的学校改进工作中需采取更为系统、全面且深入的策略。首先，加强顶层设计和整体规划，进一步明确和细化学校改进工作的目标和路径，确保各项工作有序推进。其次，加强协同合作和资源整合，明确协同各方的责任，充分发挥各方优势和作用，形成合力推动学校改进工作。再次，加强过程监控和效果评估工作，及时察觉问题并进行整改和优化。最后，加强总结提炼和宣传推广工作，将良好的经验和做法予以推广和应用。

展望未来，本研究期望在协同学理论的指导下，通过各方的共同努力和持续改进，促使学校改进工作取得更为显著的成果和进展。同时，我们也期待在未来的实践中不断探索和创新协同工作的模式和方法，为更多学校的改进和发展提供有益的借鉴和参考。

参考文献

[1] 曾健，张一方. 社会协同学［M］. 北京：科学出版社，2000.

[2] 戴桂英. 区域协同，科学发展与社会和谐［M］. 杭州：浙江大学出版社，2011.

[3] 梁歆，黄显华. 学校改进：理论和实证研究［M］. 上海：华东师范大学出版社，2010.

[4] 古得莱得. 一个称作学校的地方［M］. 苏智欣，胡玲，陈建华，译. 上海：华东师范大学出版社，2006.

[5] 陈丽，方中雄. 基于品牌塑造的学校改进［M］. 北京：北京师范大学出版社，2010.

[6] 中国社会科学院语言研究所词典编辑室. 现代汉语词典［M］. 北京：商务印书馆，2016.

[7] 李少元. 农村教育论［M］. 南京：江苏教育出版社，1996.

[8] 潘慧玲. 教育研究的取径：概念与应用［M］. 上海：华东师范大学出版社，2005.

[9] 陈向明. 质的研究方法与社会科学研究［M］. 北京：教育科学出版社，2016.

[10] 殷. 案例研究：设计与方法［M］. 周海涛，李永贤，李虔，译. 重庆：重庆大学出版社，2012.

[11] 尹保华. 社会科学研究方法［M］. 北京：中国矿业大学出版社有限责任公司，2017.

[12] 孙河川，高鸿源，刘扬云. 从薄弱走向优质——欧盟国家薄弱学校改进之路［M］. 北京：高等教育出版社，2006.

[13] 胡俊生，符永川，高生军. 空心村. 空壳校. 进程潮：陕北六县农村教育调查研判［M］. 北京：高等教育出版社，2015.

[14] 李少元. 农村教育论［M］. 南京：江苏教育出版社，1996.

[15] 21世纪教育研究院. 农村教育向何处去：对农村撤点并校政策的评价与反思［M］. 北京：北京理工大学出版社，2013.

[16] 梅伟伟. 协同学视阈下的乡村治理模式研究［D］. 兰州：兰州大学，2010.

[17] 吴璀. 新型城镇学校的教学改进研究——以四川省L学校为例［D］. 重庆：西南大学，2018.

[18] 起朝梅. 民族地区乡村学校振兴面临的困境与对策研究［D］. 西安：陕西师范大学，2019.

[19] 罗银利. 农村中小学布局调整的问题、原因及对策研究［D］. 武汉：华中师范大学，2007.

[20] 夏晓婷. 协同学理论视阈下的大型活动组织研究——以上海市大型活动组织为案例的研究［D］. 上海：上海交通大学，2013.

[21] 杨伟悦. 扭转型领导与薄弱学校改进［D］. 上海：华东师范大学，2018.

[22] 李雪晴. 乡村教师支持计划（2015-2020年）效果评估研究［D］. 重庆：西南大学，2019.

[23] 吴彤. 论协同学理论方法—自组织动力学方法及其应用［J］. 内蒙古社会科学（汉文版），2000，11（124）：19-26.

[24] 付燕荣，邓念，彭其渊，等. 协同学理论与应用研究综述［J］. 天津职业技术师范大学学报，2015，3（25）：44-47.

［25］郑广祥．协同学理论与和谐社会的构建［J］．通化师范学院学报，2007，11（28）：21-23．

［26］姚凯．怎样把协同学理论应用于生物教学［J］．铜仁师范高等专科学校学报，2006，9（8）：71-73．

［27］杨涛．耗散结构与协同学理论视野下的高校学科建设［J］．高教探索，2007（6）：68-70．

［28］刘东霞．协同学理论视野下课堂管理策略新探［J］．新乡教育学院学报，2006，3（19）：41-42．

［29］吴妤，梅伟伟．协同学视阈下的乡村治理模式研究——基于乡镇政府与农民组织关系的探析［J］．天府新论，2010（2）：11-15．

［30］李伟．协同学视阈下的我国农村公共产品供给系统再造［J］．行政论坛，2019，16（1）：25-28．

［31］苏屹．基于系统科学的协同创新理论分析方法研究［J］．科研管理，2013，12（34）：140-143+188．

［32］解学梅，曾赛星．科技产业集群持续创新系统运作机理：一个协同创新观［J］．科学学研究，2008（4）：828-845．

［33］张贤明，田玉麒．论协同治理的内涵、价值及发展趋向［J］．湖北社会科学，2016（1）：30-37．

［34］南钢．协同治理视野下的学校变革：特征、诉求与路径［J］．广西教育学院学报，2017（2）：122-125．

［35］林莉．乡村价值演化与振兴：农村社区协同治理发展的内在伦理［J］．新视野，2019（2）：102-108．

［36］薛晓阳．乡村教育与乡村建设的政策隔离及问题——以农村教育的文化责任和乡村义务为起点［J］．清华大学教育研究，2018，39（2）：52-59．

［37］秦玉友．教育城镇化的异化样态反思及积极建设思路［J］．教育发展研究，2017，37（6）：1．

[38] 侯晓光. 城镇化背景下农村中小学教育的生存境遇及改进路径[J]. 基础教育研究, 2014（22）：3-6.

[39] 吴雨荣. 城镇化进程中农村教育面临问题的分析与建议[J]. 教学与管理理论版, 2015（36）：24-26.

[40] 刘善槐, 邬志辉. 新城镇化背景下我国农村教师的核心问题与政策应对[J]. 东北师大学报（哲学社会科学版）, 2014（5）：188.

[41] 赵忠平, 秦玉友. 学校布局调整背景下农村富余教师安置政策研究[J]. 四川师范大学学报：社会科学版, 2013, 40（5）：78.

[42] 庞丽娟. 当前我国农村中小学布局调整的问题、原因与对策[J]. 教育发展研究, 2006（4）：1-6.

[43] 徐永生, 宋世兵, 彭小满. 关注农村寄宿制学校校园安全[J]. 湖南教育, 2005（12）：4-5.

[44] 裴林. 寄宿制初中生心理问题对策[J]. 教育科研, 2006（10）：14.

[45] 庞丽娟, 韩小雨. 农村中小学布局调整的问题、原因及对策[J]. 教育学报, 2005, 1（4）：90-96.

[46] 谷生华, 彭涛, 谢峰. 西部农村基础教育重组应一步到位——关于西部农村基础教育寄宿制学校建设的调查与思考[J]. 教育发展研究, 2006（6）：32-35.

[47] 凌昌猛, 兰新铁. 当前农村寄宿制学校存在的问题及对策[J]. 小学教学参考, 2006（27）：16-17.

[48] 王乐. 村落文化的传承与乡村学校的使命[J]. 湖南师范大学教育科学学报, 2016, 15（6）：27.

[49] 李志超, 吴惠青. 乡村建设的精神危机与乡村学校的文化救赎[J]. 中国教育学刊, 2016（4）：1-5.

[50] 唐开福. 城镇化进程中乡村文化的传承困境与学校策略[J]. 湖南

师范大学教育科学学报，2014，13（2）：107-110.

［51］王勇．社会转型期乡村学校教育的文化困境与出路［J］．教育探索，2012（9）：29-30.

［52］田凌晖．薄弱学校改造的政策及实现路径：美国的经验［J］．上海教育科研，2007（12）：14-16.

［53］李均，郭玲．发达国家改造薄弱学校的主要经验［J］．陕西教育，2007（4）：44.

［54］王天晓．教学改进：艾尔默对学校改进理论的深化［J］．比较教育研究，2009，31（3）：86-89.

［55］李保强，刘永福．学校改进的历史回溯及其多维发展走向［J］．教育科学研究，2010（2）：28-32.

［56］夏雪梅．新优质学校走向哪里：基于43所学校变革路径的分析［J］．上海教育科研，2013（1）：10-14.

［57］洪明，余文森．"先学后教"教学模式的理念与实施条件——基于杜郎口中学、洋思中学和东庐中学教学改革的思考［J］．中国教育学刊，2011（3）：47-50.

［58］卢乃桂，张佳伟．院校协作下学校改进原因与功能探析［J］．中国教育学刊，2009（1）：34-37.

［59］陈木金．以学定教的课堂评价与教学改进［J］．教育测量与评价（理论版），2015（2）：4-12.

［60］郭华．基于深度学习的教学改进［J］．教育科学论坛，2015（4）：13-23.

［61］杨颖秀，胡淑波，陈卫红．校长的领导力在学校改进中的生命意义［J］．东北师大学报（哲学社会科学版），2012（3）：142-146.

［62］孙素英．学校改进中的学生赋权——基于仪式典礼策划的个案分析［J］．中国教育学刊，2013（2）：32-34.

[63] 张熙. 着力改造学校空间——兼谈学校改进的方向与转化 [J]. 教育科学研究, 2015（10）: 5-14.

[64] 卢乃桂. 能动者的思索——香港学校改进协作模式的再造与更新 [J]. 教育发展研究, 2007（12B）: 9.

[65] 张贤明, 田玉麒. 论协同治理的内涵、价值及发展趋向 [J]. 湖北社会科学, 2016（1）: 30-37.

[66] 罗生全, 赵正. 协同论在教育科学研究中的应用及其方法论意义 [J]. 绵阳师范学院学报, 2004（1）: 4-46+77.

[67] 杨涛. 耗散结构与协同学理论视野下的高校学科建设 [J]. 高教探索, 2007（6）: 68-70.

[68] 刘东霞. 协同学理论视野下课堂管理策略新探 [J]. 新乡教育学院学报, 2006, 19（1）: 41-42.

[69] 杨涛. 耗散结构与协同学理论视野下的高校学科建设 [J]. 高教探索, 2007（6）: 68-70.

[70] 刘丽群. 我国乡村学校建设的方向性迷失与战略性抉择 [J]. 湖南师范大学教育科学学报, 2019, 18（5）: 61-65.

[71] 余婧. 乡村学校转型与复兴的路径选择 [J]. 教学与管理, 2019（8）: 4-6.

[72] 蔡其全. 区域协同推进乡村学校课程建设 [J]. 现代教育, 2017（9）: 13-16.

[73] 金发泰. 乡村文化振兴背景下的农村学校内涵发展的区域化探索 [J]. 新课程, 2021（5）: 240.

[74] 金志峰, 庞丽娟, 杨小敏. 乡村振兴战略背景下城乡义务教育学校布局——现实问题与路径思考 [J]. 北京师范大学学报（社会科学版）, 2019（5）: 5-12.

[75] 秦玉友. 农村小规模学校发展的基本判断与治理思路 [J]. 教育研究, 2018, 39（12）: 6.

[76] 牛震乾. 论乡村小规模学校的内生发展及路径选择[J]. 现代中小学教育, 2021, 37(2): 72-75.

[77] 余婧. 乡村学校转型与复兴的路径选择[J]. 教学与管理, 2019(8): 4-6.

[78] 李春玲. 基于乡村振兴战略的乡村学校发展：困境与突围[J]. 吉首大学学报（社会科学版）, 2020, 41(6): 35-37.

[79] 萧放, 王宇琛. 发挥乡村学校的基层治理体系塑造功能[J]. 社会治理, 2018(6): 67-70.

[80] 郝文武. 为乡村教育振兴而大力推进乡村学校特色发展[J]. 教育与教学研究, 2021, 35(1): 7-14.

[81] 郝文武. 在特色发展中彰显农村学校文化和活力[J]. 教育科学, 2020, 36(3): 34-39.

[82] 范涌峰, 张辉蓉. 学校特色发展：新时期城乡义务教育一体化的内生路径与发展策略[J]. 教育研究与实验, 2019(5): 70-75.

[83] 王明露. 基于乡土文化的乡村薄弱学校建设[J]. 宁波大学学报（教育科学版）, 2021, 43(1): 29-37.

[84] 刘丽艳. 乡村学校文化建构的生态取向及其达成[J]. 教学与管理, 2020(34): 4-7.

[85] 萧放, 王宇琛. 发挥乡村学校的基层治理体系塑造功能[J]. 社会治理, 2018(6): 67-70.

[86] 李银凤. 乡村振兴战略下乡村教师队伍建设困境与对策[J]. 科教导刊, 2021(9): 64-66.

[87] 顾玉军. 乡村振兴中乡村教师助力乡村文化传承路径探析[J]. 教育理论与实践, 2019, 39(13): 47-50.

[88] 刘星. 乡村振兴战略背景下乡村教师的专业成长：根本属性、特殊性及其路径[J]. 教育理论与实践, 2018, 38(23): 37-39.

[89] 刘丽群. 乡村教师如何"下得去"和"留得住"：美国经验与中国

启示[J]. 教师教育研究, 2019（1）: 120-127.

[90] 袁利平, 吕玉坤. 乡村学校发展促乡村振兴[N]. 贵州民族报, 2018-12-11（A3）.

[91] 十三届全国人大常委会.《乡村振兴促进法》[EB/OL].（2021-04-29）[2022-10-20]. http://www.npc.gov.cn/npc/xczxcjflf/xczxcjflf.shtml.

[92] 乡村振兴战略背景下的学校教育发展思考[C]//江苏省教育厅. 2019年江苏省小学教育专题研讨会论文集. 泰州市海军小学, 2019: 5.

[93] 卢乃桂. 学校的改进: 协作模式的"移植"与本土化[R]. 香港: "学校改进与伙伴协作"两岸二地研讨会, 2006.

[94] Massa S, Testa S. Innovation and SMEs: Misaligned perspectives and goals among entrepreneurs, academics, and policy makers[J]. Technovafion, 2008, 28（7）: 393-407.

[95] Razak A A, Saad M. The role of universities in the evolution of the Triple Helix culture of innovation network: The case of Malaysia[J]. International Journal of Technology Management & Sustainable, 2007, 6（3）: 211-225.

[96] Hewitt, Dundas N. Resource and capability constraints to innovation in small and large plants[J]. Small Business Economics, 2006, 26（3）: 257-277.

[97] Biggs T, Shah M K. African SMES, networks, and manufacturing performance[J]. Journal of Banking & Finance, 2006, 30（11）: 3043-3066.

[98] Cooke P, Boekholt P, Tŏchling F. The Governance of Innovation in Europe[M]. London: Pinter, 2000.

[99] Doloreux D. Regional networks of 81nan and medium sized enterprises:

Evidence from the metropolitan alert of Ottawa in Canada [J]. European Planning Studies, 2004, 12（2）: 173–189.

[100] Hadjimanolis A. Barriers to innovation for SMEs in a small less developed country (Cyprus) [J]. Technovation, 1999, 19（9）: 561–570.

[101] Nieto M J, Santamarh L. The importance of diverse collaborative networks for the novelty of product innovation [J]. Technovation, 2007, 27（6–7）: 367–377.

[102] ALBERT E H. In search of an answer: what is school public relations? [J]. Journal of Educational Public Relations, 1998（12）: 23–31.

[103] Gaziel H. Accelerated School Programmes: Assessing Their Effectiveness [J]. International Review of Education, 2001, 47（1）: 7–29.

[104] Reezigt G J. A model for effective school improvement. Internal ESI report [M]. Groningen: Gion, 2000.

[105] Gray J, Hopkins D, Reynolds D, et al. Improving school's performance and potential [M] //Improving Schools: Performance and Potential, 2010.

[106] David. Hopkins the Practice and Theory of School Improvement: International Handbook of Educational Change [M]. Netherlands: Speinger, 2005.

后 记

在本书的编纂过程中,协同小组深入探讨了乡村学校改进的可能性及其实践路径。通过理论分析与实证研究,协同小组认识到,乡村学校的改进既需要外部的政策支持和教育援助,也依赖于内部激发的教育热情与主动行动。协同理论作为乡村学校改进的重要指导思想,强调各方利益相关者——高校专家、教育行政部门、中小学名校长名教师、乡村学校校长、教师、学生、家长以及社区的共同努力和资源整合,以实现学校改进和高质量发展的目标。该理论倡导通过有效的沟通与协作,形成强大的协同效应,共同推动学校的持续发展和质量提升。

在此过程中,尤其强调校长在推动乡村学校改进中的核心作用。身为学校的领导者,校长不仅应具备远见卓识,制定明确的发展战略,还需展现出卓越的组织协调能力,以激励教师团队和学生,并促进家长和社区的积极参与。通过校长的努力,能够营造一个有利于学校发展的良好环境。同时,校长还应系统学习、深入思考,在实践中勇于担当改革的引领者,积极尝试和实施新的教育理念和教学方法,引领学校不断适应时代发展的需求,并持续提升教育教学质量。

"U-G-EEPS-RS"协同机制(即大学—政府—中小学教育名家—乡村学校)的成功运用,为本课题的研究提供了有力的案例支撑。"一机制、两条线、三阶段"的乡村学校改进模式在五所乡村学校的推行中,展

后 记

现了显著的推动作用，验证了多方协同合作的重要性和适切性。高校专家为乡村学校注入先进的教育理念，带来理论高度、学术前沿知识以及新技术和新方法；地方教育行政部门（以教研室为代表）负责政策解读和反映地方需求，确保政策解读及落实的正确性，并助力区域教育的均衡发展；省市级名校长、名师及其所在学校则促成教育观念的转变与经验的传承。在此机制的作用下，乡村学校将提升教学质量、培育办学特色并彰显学校个性，确保学校改进工作能够深入、细致、具体地落实。

广东省在推进"双百行动"计划时，所采取的地级市统筹、高等师范院校纵向帮扶机制，为乡村教育注入了新的活力。广东12所设有师范专业的高校与多个地市的结对帮扶，聚焦于提升育人质量、教师能力素质和管理水平，这不仅有助于受援学校整体教育质量的提高，也为全省乃至全国的乡村教育改进提供了可供借鉴的经验。本研究也希望在"广东省师范（教师教育）院校纵向帮扶欠发达地区'三所学校'和县中质量提升工作"中，为粤东、粤西、粤北地区的乡村教育振兴和乡村学校的高质量发展贡献一份力量，通过提供具体的实践路径和策略建议，助力这些地区的乡村学校实现可持续的改进和发展。

乡村学校改进的过程也是自身定位不断优化、教育信息化设备更新补充、数字教育资源利用效率持续提升的过程。政府的投入在教育教学设施改造、教学设备更新方面发挥了决定性作用。然而，更为重要的是要正视乡村学校的实际情况，着力提升教师队伍的综合素养，更新教育设备，以适应现代教育发展的需求。

本书的顺利完成得益于协同小组成员的鼎力支持与共同努力，特别是宋壮明局长、教研室李松辉主任、林炎城和孙耿珍副主任，省名校长工作室主持人戴彦勋、郝洁以及东莞市名校长工作室主持人古松、张远广、周秋平、张金龙等校长的全方位支持。他们在乡村学校改进的实践中持续探索、创新，为课题的实证研究提供了丰富的素材与深刻的见解。同时，榕东中学曾希展、梅云华侨中学陈爱群、古溪中学陈标利、揭阳师范附小陈创伟、莲花学校李绪明等校长在学校改进中的卓越表现，也使得学校改进工作取得了重大突破。

本书是2020年度广东省哲学与社会科学规划项目《基于协同理论的乡村学校改进实证研究》（项目编号：GD20XJY21）的结项材料，该项目的结项等级被评为优秀等次（证书编号：GHGJ2024043）。在此，协同小组衷心感谢所有参与本研究的个人和机构。希望本书能够为乡村学校的改进提供有益的参考与借鉴，并为未来的教育实践和研究开辟更多的可能性。同时，鉴于协同小组的理论水平有限，视野不够开阔，实践经验尚待丰富，书中仍存在许多未解决的问题。协同小组期待能与更多的研究者和实践者共同探讨乡村学校改进的理论与实践策略，为乡村教育振兴贡献更多的智慧和力量。